젠더와 소수자의
시각으로 본
중국 코로나

지은이

김미란 金美蘭, Kim Mi-ran
성공회대학교 동아시아연구소 HK교수. 주요 저서로는 『현대 중국여성의 삶을 찾아서』, 『한중 젠더 트랜스내셔널하게 읽기』, 『민간중국』(공저), 논문으로 「중국의 미투 운동-글로벌 '접속'과 토착적 '수용'」, 「2000년대 중국의 계획생육-'도시권'에 대한 배제, '유동하는 인구(流動人口)'의 재생산」 등이 있다.

리잉타오 李英桃, Li Yingtao
베이징외국어대학교 국제관계학원 교수, 베이징외국어대학교 젠더와 글로발문제연구소 부주임, 박사지도교수, 중국 연합국협회이사. 주요 저서로는 『젠더관점에서 본 국제정치(社会性別視角下的国际政治)』, 『젠더관점에서 본 글로벌환경문제연구(社会性別視角下的全球环境问题研究)』 등이 있다.

젠더와 소수자의 시각으로 본 중국 코로나

초판인쇄 2021년 5월 20일 초판발행 2021년 5월 30일
기획 성공회대학교 동아시아연구소 지은이 김미란·리잉타오
펴낸이 박성모 펴낸곳 소명출판 출판등록 제13-522호
주소 06643 서울시 서초구 서초중앙로6길 15, 2층
전화 02-585-7840 팩스 02-585-7848
전자우편 somyungbooks@daum.net 홈페이지 www.somyong.co.kr

값 15,000원 ⓒ 성공회대학교 산학협력단, 2021
ISBN 979-11-5905-618-5 93330

이 책은 2018년 대한민국 교육부와 한국연구재단의 지원을 받아 수행된 연구임
(NRF-2018S1A6A3A01080743)

성공회대학교
동아시아연구소
학술총서   2

젠더와 소수자의 시각으로 본 중국 코로나

성공회대학교 동아시아연구소 기획

김미란 · 리잉타오 지음

China's Corona from the Perspective
of Gender and Minorities

21세기 들어 우리는 사스, 신종플루, 메르스 등 일련의 치명적 바이러스 전염병의 발생을 목도해왔다. 그러나 현재의 코로나 바이러스는 그 규모, 영향, 심각성 면에서 가히 전례를 찾기 어렵다. 과거의 전염병들이 특정 지역 혹은 권역을 기반으로 창궐했다면, Covid-19는 진정한 의미에서 지구적 팬데믹이다. 그것이 초래하는 영향의 심도와 범위는 이제야 서서히 이해되기 시작하고 있다. 셀 수 없는 인명 피해와 고통이 지구적 수준에서 하루하루 발생하고 있다. 사람들은 목숨을 잃고, 직업을 잃고, 사람 사이의 접촉을 상실하고 있다. 우리는 익숙한 삶의 방식을 이어가지 못하는데서 오는 심리적 중압감 속에서 지난 1년 여를 지내왔다.

그러나 바이러스는 동시에 이전까지의 상상을 뛰어넘는 정도로 지배적 세계질서를 뒤흔들고, 새로운 미래의 가능성을 열어젖히고 있다. 거침없이 승승장구하던 글로벌 자본주의는 순식간에 제동이 걸렸고, 서양의 도덕적 / 문화적 헤게모니는 회복이 불가능할 정도로 손상을 입었다. 자연의 정복과 무한한 성장이라는 모더니티의 기본 신념은 심각한 회의의 늪에 빠져들었다. 팬데믹이 보건 위기일 뿐 아니라 문명의 전환을 가져오는 예언이기도 하다는 학자와 비평가들의 진단은 이 점에서 매우 타당하게 들린다.

2020년의 공론장과 학문적 논의를 지배한 것은 온통 코로나 관련 의제였다. 현재의 동향에 대한 다양한 성찰, 현존 체제에 대한 근본적 비판, 대안적 세계에 대한 새로운 상상이 지속적으로 제시되고 토론되었다. 이러한 과정에서 현대 세계의 기본적 구성 원리들에 대한 근본적 재고가 이루어졌다. 자연과 문화의 파괴적 이분법, 지구화와 디지털 경제의 해악, 집합주의와 개인주의에 관한 재평가, 임박한 식량위기와 경제위기가 일깨운 풍요의 부질없음, 권리와 안전의 딜레마, 연대와 공동체 정치의 재등장, 새로운 세계 질서 설계의 긴급성 등 수많은 의제들이 쏟아져 나왔고, 전례 없이 진지하게 논의되었다.

중국은 코로나의 진원지라는 원초적인 비난에도 불구하고 봉쇄를 통한 '속전속결'식 방역을 통해 2020년 중반에 코로나 종식을 선언하였다. 분업의 효율성이 극대화된 글로벌 경제네트워크가 엄존하는 상황에서 이러한 일국적인 방역의 성공이 얼마나 지속 가능할 것인가는 사실 의문이다. 그런만큼 중국의 방역성공에 대한 평가는 유동적이고도 다양하다. 안전을 빌미로 개인의 선택권을 국가가 독점한 '감시사회'가 되었다는 비판과 함께, 서구의 자유와 민주주의문명에 대한 실망을 계기로 중국식 발전모델이 대안이 되어야 한다는 주장이 공존하는 이유가 그것이다. 전자가 주로 중국 외부에서 진행되는 우려와 경계의 목소리라면 후자는 중국내 지식인들과 중국정부의 욕망이 투사된 담론이다. 그렇다면 국가단위의 담론과 분석이 아닌 중국에 살고 있는 '사람'들은 코로나를 어떻게 경험하였고 중국사회에는 코로나를 계기로 어떠한 변화가 발생하였는가? 이 책은 이러한 질문에 대한 답을 구하기 위해 기획되었다.

시진핑시대 중국의 키워드는 '주도권'이다. 미국과 '함께' 세계를 이끄는 리더가 되겠다는 중국 정부는 경제적 성공을 기반으로 국제사회에 정치력을 행사하고 사회문화적으로 '중국식 모델'을 홍보하고 있다. 그리고 그것이 압축적으로 표현된 것이 시진핑이 2017년에 선포한 '신시대'론이다. 과거 100년 동안 외침으로 인하여 굴욕적인 삶을 살아야 했지만 오늘의 중국은 경제 강국이라는 신분으로 국제무대에 리더로 우뚝 서 새로운 100년을 맞이하고 있다는 것이 '신시대'론의 핵심이다. 이 신시대론은 중국이 제시하는 문명적 대안이며 '서구식 현대화'와 구별되는, 중국이 걸어온 사회주의 현대화의 길, 즉 '중국의 길中國道路'이라는 말속에 집약되어 있다.

코로나 팬데믹은 과거 글로벌 금융위기 당시 직장인들의 해고와 달리, 자원이 빈약한 사회적 약자들이 주요 피해자들이다. 그리고 이들의 삶은 산업의 구조적 전환으로 인해 앞으로 더욱 불안정해질 것으로 전망된다. 중국의 코로나는 노동과 일상의 영역에서 약자들의 삶을 뚜렷하게 가시화하였으며 주요한 피해자는 여성과 농촌출신의 도시노동자(농민공), 그리고 청년층이었다. 이들의 삶은 재난시기에 가장 먼저 위기에 노출되었음에도 불구하고 '신시대'라는 국가단위의 담론에서는 가시화되지 않는다. 이에 동아시아연구소에서는 '젠더와 소수자의 시각'으로 중국의 코로나-19를 살펴보고자 하였다.

이러한 취지에 적합한 연구자로 국제법학전문가이자 젠더연구자인 리잉타오 베이징사범대학 교수를 추천받았다. 그리고 사전에 중국의 방역방식, 국제사회의 중국에 대한 인식, 가정폭력, 노동, 미디어의 재현, 백신과 환경문제 등 9개의 질문항목을 전달하였으며 리잉타오 교수는 그에 대한 답변을 준비하여 대담에 응하였다.

대담을 마치고 대화내용을 살펴보니 중국내의 대중들의 일상과 젠더-소수자에 대한 설명에 집중되어 있어, 중국정부의 방역에 대한 '해석'과 시진핑시대의 '신시대' 담론과 일반 대중들 사이의 긴장에 대한 분석이 미흡하다고 생각되었다. 이에 별도로 중국내의 최근 코로나 관련 연구성과들을 반영하여 "중국의 코로나-19 방역의 특징과 '담론화' 방식"이라는 논문을 집필하여 실었다. 이 글이 일상 속의 대중의 삶을 국가정책, 혹은 담론과의 관련 속에서 이해하는 데 도움이 되었으면 한다. 그리고 대담 외에 참고자료로 국제적 맥락에서 약세집단인 젠더문제를 다룬 리잉타오 교수의 글 1편과 코로나시기 중국 젠더문제를 총체적으로 다룬 중국사회과학원의 쉬지우지우 교수의 글 1편을 실었다.

이 대담집은 성공회대 동아시아연구소가 기획한 시리즈 세 권 중 한 권이다. 대담 준비과정에서 동아시아연구소의 이기웅 교수

님과 함께한 코로나 세미나에서 많은 도움을 받았으며 이 책 머리
말의 도입부에 인용한 코로나 이후 세계의 변화와 이슈에 관한 부
분은 이기웅 교수님이 쓰신 기획서의 일부임을 밝혀 둔다. 현재와
미래에 대해 고민과 탐색을 함께 해 나가는 공부길의 동반자들에
게 감사한 마음이다.

2021년 5월
김미란

차례

1

젠더와 소수자의 시각으로 본 중국 코로나

리잉타오 × 김미란

(한국어 감수 : 김정수)

○ **이기웅**(사회)

지금부터 성공회대학교 동아시아연구소 해외석학 초청 웨비나 시리즈 '포스트 지구화 세계질서와 아시아의 팬데믹 정동' 두 번째 순서로 북경외국어대학교 리잉타오 교수님을 모시고 '젠더와 소수자의 시각으로 본 중국 코로나'라는 제목으로 웨비나를 진행하도록 하겠습니다. 저는 오늘 사회를 맡은 성공회대학교 동아시아연구소의 이기웅입니다.

오늘 순서는 먼저 리잉타오 선생님께서 약 15~20분가량 기조발제를 해주시고, 이어서 본 연구소의 김미란 교수님과 대담을 갖도록 하겠습니다. 그러면 리잉타오 선생님과 김미란 선생님을 모시도록 하겠습니다.

○ 김미란

　리잉타오 교수님은 북경외국어대학교에 재직 중이시며, 국제정치와 젠더 분야의 전문가이십니다. 리잉타오 교수님, 반갑습니다. 오늘 이렇게 어려울 때 줌으로라도 공유를 할 수 있게 돼서 정말 다행입니다. 저희가 오늘 회의 일주일 전에 1시간 정도 서로 대화하는 시간을 가져서 그런지 더욱 반갑네요. 그럼 먼저 백원담 성공회대 동아시아연구소 소장님의 환영사를 듣고 이어서 리잉타오 교수님의 발표를 듣도록 하겠습니다.

○ 백원담(플로어)

　안녕하세요? 성공회대학교 동아시아연구소장 백원담입니다. 오늘 굉장히 중요한 토론이 진행되는 것인데요. 코로나 팬데믹이라는 미증유의 사태를 중국에서 처음 발생했다는 지점에서 이야기들을 하고 있지만 그것을 젠더적 시각에서 이야기할 수 있는 것이 굉장히 중요하고, 또한 이것을 어떤 글로벌적인 시각과 더불어 관계적인 시각 속에서 볼 수 있다는 게 되게 중요한 것 같습니다. 그리고 젠더와 함께 소수자의 관점에서, 사실은 젠더와 소수자가 이 코로나 팬데믹의 가장 큰 피해자들이기 때문에 그런 관점에서 우리가 이 문제를 동시대의 문제로 논의할 수 있는 계기가 된다는 점에서 이 회의가 굉장히 중요하다고 생각합니다.

　리잉타오 교수님께서 그동안 이 방면에 많은 연구를 해오셨는데 오늘 저희에게 시간을 내주셔서 함께 논의할 수 있게 되어 굉장히 고맙습니다. 감사합니다.

○ 리잉타오(북경외국어대학교)

김미란 교수님의 초청에 감사드리고 또 동아시아연구소의 여러 동료들께도 감사드립니다. 그리고 백원담 소장님, 그리고 윤영도 교수님 감사합니다. 제가 해외에서도 백원담 소장님께서 관련된 연구를 많이 하고 계시다는 것을 동료로부터 많이 들었습니다. 그래서 오늘 백원담 소장님, 윤영도 교수님, 그리고 김미란 교수님과 함께 이렇게 논의를 할 수 있게 되어서 기쁘게 생각합니다. 동아시아연구소에 이렇게 중요한 국제회의를 통해서 여러분과 함께 팬데믹 상황에서 동아시아와 중국의 여러 가지 문제, 특히 오늘의 주제인 젠더 문제, 그리고 취약계층의 문제에 대해서 논의할 수 있게 되어 기쁘게 생각합니다. 코로나 상황에서의 중국의 상황, 중국의 대응책, 그리고 이러한 코로나가 젠더 문제에 끼친 영향에 대해서 말씀드릴 수 있게 되어서 기쁘게 생각합니다.

이러한 주제는 저에게도 매우 도전적인 주제입니다. 제가 먼저 코로나가 전염병이 젠더에 미치는 영향, 그리고 전 세계에 미친 영향에 대해서 간단하게 기조발제를 하겠습니다. 그리고 토론을 통해서 여기 계시는 교수님과 연구자분들에게 많은 것을 배울 수 있기를 바라고 우리가 코로나에 더욱더 효과적으로 대응하고 전

세계가 더 발전할 수 있기를 바랍니다. 우리는 늘 '더 나은 세계를 위해서'라는 말을 하는데, 이러한 토론을 통해서 그런 구체적인 방안을 논의하는 것이 의미있다고 생각합니다.

그러면 제가 화면공유를 해서 제 자료를 공유하도록 하겠습니다.

○ 리잉타오

제가 말씀드릴 주제는 위기 안에 내재된 기회이며, 부제는 코로나 상황에서의 중국의 젠더 평등 문제입니다. 제가 말씀드리고자 하는 핵심적인 관점은 코로나가 중국에 그리고 전 세계 모든 사람에게 위기를 가져다주었는데, 이 코로나가 우리에게 얼마나 큰 재난을 가져다주었는지를 이야기를 함과 동시에 우리가 위기를 극복하고 대응하는 과정에서 어떤 교훈을 얻을 것인가입니다. 그리고 우리의 시야를 더욱더 발전시킬 수 있는, 앞으로 밀고 나갈 수 있는 어떤 기회를 포착할 것인가입니다. 그렇기 때문에 제가 위기에 내포된 기회를 주제로 정하고 코로나 상황에서의 '코로나 상황 하의 중국 양성 간 평등에 대한 논제'라는 부제를 달았습니다.

저는 국제관계학자입니다. 그래서 젠더 평등의 관점에서 국제관계를 연구하고 있습니다. 그렇기 때문에 중국 국내 문제 관련해서 전문가라고 할 수는 없습니다. 김미란 선생님께서 제게 국내문제를 서로 소개하고 이해함으로써 한중 간의 교류에 있어서 더욱더 많은 시야를 확보하자는 말씀을 하셨는데, 이것은 저에게도 하나의 도전입니다.

저는 먼저 서론에서 위기 안에 내재된 기회와 관련해서 말씀드리고, 첫 번째 파트에서 위협에 대해서 말씀드리고 두 번째는 중국의 조치와 도전에 대해서 말씀드리고 세 번째 파트에서는 글로벌 정치에서 지니는 의미에 대하여 말씀드리겠습니다. 세 번째 파트가 바로 제가 연구하는 분야와 직접적으로 관련된다고 할 수 있습니다. 결론 부분에서는 문제에 대한 제 나름대로의 답을 말씀드리겠습니다.

서론 부문에서 두 가지를 말씀드리고자 합니다. 바로 코로나와 글로벌화 관련된 문제인데요. 이와 관련해서 원톄쥔溫铁军 교수님의 「코로나상황하의 글로벌화 위기疫情下的全球化危机」라는 글이 매우 유명합니다. 원톄쥔 교수는 글로벌화의 위기 하에서 중국이 미국에 의해서 디커플링 될 위기에 직면하고 있고, 이러한 위기에 대응하기 위해서 향촌의 진흥을 추진해야 한다고 주장합니다. 그는 코로나에 대응하는 데 있어서 향촌이 아주 중요한 지역이라고 주장하고 계십니다.

향촌진흥과 관련해서 저는 원톄쥔 교수의 의견에 동의합니다. 하지만 중국과 세계, 글로벌화 그리고 글로벌 거버넌스에 있어서 디커플링해야 된다는 견해에 대해서는 동의하지 않습니다. 중국 정부에서도 중국과 전 세계의 디커플링 방지를 위해서 노력하고 있습니다. 중국은 세계의 글로벌화에 참여하고 전 세계를 이끌어

가야 한다는 정치적인 의지가 매우 강합니다. 세계를 벗어나는 것이 아니라 세계를 리드하는 것을 더욱더 중시하고 있습니다. 그런데 윈톄쥔 교수가 제기한 사회 공정 문제 관련해서는 저도 동의합니다. 그리고 이러한 문제는 젠더평등과 직접적으로 연관됩니다. 그리고 한따위앤韓大元 교수의 젠더 연구도 아주 중요한 연구라고 생각합니다.

이런 배경 하에서 저는 코로나와 젠더 평등의 관계를 연구했습니다. 저는 "교차적인 요소의 영향 아래에서의 코로나 상황"이라는 제목을 붙였는데요. 그 의미는 우리가 코로나에 직면해서 코로나뿐만 아니라 코로나에 대응하는 과정에서 나타나는 여러 가지 요소들이 복합적으로 젠더평등, 젠더 간의 관계 그리고 여성에 대해 영향을 미치고 이러한 것들이 젠더 평등에 위협이 되고 있다는 뜻입니다. 우리가 이런 복합적인 요인을 간과한 채 단순히 코로나 혹은 단순히 젠더의 평등만 이야기해서는 안 된다는 의미에서 제가 인터섹셔널리티라는 것을 제기한 것입니다.

저는 먼저 취약성과 취약계층에 대해 말씀드리고 싶습니다. 취약성이라는 것은 사람들이 안전의 위기에 직면해서 위기에 대응할 수 있는 능력이 약화된 것을 의미합니다. 뒤에 실릴 제 논문에서 제시한 도표와 같이 코로나바이러스가 모든 사람에게 영향을 미치고, 만약에 감염이 된다면 건강에 있어서 취약계층이 되는 것처럼 말입니다.

그런데 코로나는 또 다른 영향도 미칩니다. 바로 우리가 코로나에 대응하는 요소에도 영향을 미치죠. 그러한 상황에서 사람들은 코로나에 대응하는 것과 기존의 불평등에 의해 복합적인 영향을 받습니다. 이것을 바로 파생적인 영향, 혹은 부차적인 영향, 혹은 간접적인 영향이라고 부릅니다. 그래서 취약성이라는 것을 크게 두 개의 범주로 나눌 수 있습니다. 첫 번째는 건강상의 취약성이고 다른 하나는 사회적 취약성입니다. 이것이 바로 취약성에 대한 논의를 위해 제가 내린 기본적인 정의입니다.

이러한 정의 하에 관련된 계층을 건강상의 취약계층으로 먼저 구분하였는데요. 건강 취약성이란 기준으로 젠더문제를 고찰해 보았습니다. 먼저 신체조건, 외부환경, 직업적인 특징에 따라서 취약계층은 다양한 범주로 구분이 되는데, 첫째, 신체조건을 보면 노인, 환자, 임산부가 포함됩니다. 여기에서 신체적인 조건이 취약한 사람은 여성으로 특히 임산부가 취약대상입니다. 둘째로 외부환경이란 관점에서 보면 노숙자들, 그리고 양로원의 수용자들, 그리고 감옥의 수감자들이 있습니다. 그리고 중국에서는 코로나 상황에서 만일 인도가 지역사회에 변이를 전파시킨다면 어떻게 될 것인가에 대해서 논의를 했습니다. 인도는 계층 구분이 매우 엄격하고 그리고 매우 열악한 환경에 살고 있는 사람들이 많기 때문에 중국에서는 인도 문제에 대해 많은 논의를 했습니다.

셋째로 직업의 관점에서 보면 의료진이 있고 경찰 인력이 포함됩니다. 바이러스 감염에 취약한 집단은 바이러스에 노출되기 쉬운 직업군을 뜻하는데 직업적인 특성으로 인해 의료진 등이 취약계층이라고 할 수 있습니다. 신체조건, 외부환경, 직업적인 특징이 복합적으로 작용한다면 여성, 의료진, 임산부, 노인, 그리고 환자, 홈리스, 그리고 양로시설에 있는 사람들 이러한 사람들이 감염에 취약한 계층이 될 수 있습니다.

그런데 결과에 관련된 데이터를 살펴보면 젠더 비율에 있어서 여성의 사망률이 남성보다 높다든가 하지는 않습니다. 이를 통해서 봤을 때 확진자 수에 있어서 여성 의료진 혹은 여성 간호사가 많기는 하지만, 확진자 수나 사망자 수에서 있어서 여성이 더 많지는 않습니다. 중국의 경우, 전 세계와 마찬가지로 사망자 수, 그리고 확진자 수에 있어서 남성이 더 많습니다. 특히 사망자의 경우 남성이 더 많습니다. 해외 가운데 미국의 사례를 보면 양로원에 입소한 사람들, 그리고 소수민족들의 사망률과 감염률이 더 높았습니다.

이를 통해서 볼 때 젠더 요소의 작용이 복합적인 요인이 될 수 없다는 것을 알 수 있습니다. 노인들, 양로시설에 있는 사람들 이러한 사람들, 그리고 미국 내에 있는 소수민족들 같은 경우 일반적인 통계에는 나타나지 않고 또한 이들을 특수계층으로 나누지 않습니다. 예를 들어서 흑인 같은 경우가 그렇습니다. 하지만 이러한 계층의 사망률이 높습니다. 그러므로 건강의 취약성이란 점에서 본다면 신체적인 조건, 외부 조건, 그리고 직업적인 요인, 특히 경제적인 조건, 거주환경이 취약성에 더 많은 영향을 미쳤다는 것을 알 수 있습니다.

그 다음으로는 사회적인 면에 있어서의 취약계층입니다. 이는 신체적인 조건뿐만 아니라 사회적인 다양한 분야에 있어서 사람에게 어떠한 영향을 미치는가, 그리고 이러한 리스크에 대응하는 능력이 어떤가를 살펴보는 것입니다. 여기에서 복합성이 더욱더 두드러지게 나타납니다. 여기서 두 가지를 말씀드리고 싶습니다. 첫 번째는 사회적인 취약계층의 범주를 확대했다는 것입니다. 예를 들어서 자영업자들, 특히 베이징에 있는 신파디新发地, 베이징시 최대의 농산물도매시장시장의 상인들은 취약계층이라고 할 수는 없습니다. 돈이 많기 때문이죠. 하지만 신파디 시장의 사례를 보면 확진자가 나타난 이후에 시장이 폐쇄되었고, 그리고 수산물시장도 폐쇄되면서 큰 타격을 입었습니다. 상황이 이렇게 되었기 때문에 이곳 사람들이 사회 취약계층으로 분류되었습니다.

제가 김미란 선생님과 이미 이야기를 나눈 내용인데요, 베이징의 부동산 가격을 볼 때, 신파디 시장의 부동산 가격이 폭락했습니다. 왜냐하면 많은 사람들이 거기를 떠나려고 했기 때문인데요. 베이징에서 확진자가 나와 생계에 타격을 입게 되자 사람들이 베이징을 떠나려고 했는데 신파디 시장 인근에서 많은 이주자들이 나왔습니다. 부동산 거래 관련 앱을 보면 관련된 통계를 볼 수 있습니다.

또한, 사회적인 취약계층의 취약성의 정도가 더욱더 심화됐습니다. 예를 들어 유동인구(도시 호적이 없는 도시체류자), 농민공, 어린이, 여성, 그리고 다른 계층이 그런데요. 특히 그중에서도 여성들이 두드러집니다. 중국 우한에서 처음 확진자가 나왔을 때 우한시의 젠리라는 지역에 여성의 가정폭력 피해 신고 건수가 크게 증가했습니다. 물론 가정폭력을 당한다 해도 남편의 감시 때문에 신고를 하지 못하는 경우가 많은데, 그럼에도 불구하고 중국 국내의 사례를 보면 우한이 봉쇄되었을 때 가정폭력에 노출된 여성들이 전보다 훨씬 많았습니다.

특히 경제 분야에서 코로나 영향을 직접적으로 받는 분야에서 여성의 생계 문제가 크게 대두되었습니다. 그리고 여성들이 귀가해서 집에서 가사를 돌봐야 하는 책임도 늘어났습니다. 그래서 원래 사회에서 젠더의 불평등에 의해서 영향을 받고 있던 계층이 코로나로 인한 사회적인 영향, 그리고 코로나에 대응하는 과정에서 지역사회의 봉쇄, 재택근무 등의 영향으로 여성들의 취약성이 더욱더 확대되었습니다.

어린이 학대 문제도 있습니다. 어린이들이 제대로 돌봄을 받지 못하는 문제도 발생하였는데, 이런 복합적인 요인의 작용에 의해서 사회적인 계층의 취약성 범주가 확대되었고 취약 정도도 더욱더 가중되었습니다. 몇 가지 사례를 말씀드리겠습니다. 가정폭력에 의해서 어성들이 더 많은 피해를 입고 있고요. 경제 분야에서의 여성들의 취업이 줄어들었고요, 여성들의 직위가 낮고 소득이 줄어들고 노동시장에 다시 복귀하기가 어렵게 되었습니다. 취약성의 시각을 우리가 다시 더욱더 구체적으로 살펴본다면 이러한 문제는 더욱더 확대됩니다. 영유아의 돌봄 문제, 그리고 식량에서의 주권문제, 그리고 농촌 여성의 의료보건 문제도 있습니다. 이러한 문제는 중국 농촌 여성들에게 더욱더 심각하게 나타나고 있습니다. 이상으로 상당한 시간을 들여서 취약성의 문제, 그리고 이러한 코로나가 취약계층에 어떤 영향을 미치는가에 대해 말씀드렸습니다.

이제 두 번째 파트에서는 중국 상황에 대해서 말씀드리겠습니다. 우한에서 코로나가 발생한 뒤 처음에는 어떻게 대처해야 할지를 몰랐습니다. 경험이 없었기 때문이죠. 일련의 문제가 나타나게 되자 중국 정부, 그리고 중국의 각계각층에서 이러한 문제를 인식을 하고 대책을 내놨습니다. 의료진을 개선하고 특수계층에 관련된 정책도 내놓았습니다. 그리고 업무 재개, 조업 재개 이후 어린이 돌봄 문제 등에 대해서도 주목하게 되었습니다.

이와 관련해서는 제가 여러 가지 자료들을 제시했습니다. 여성이 의료진에서 주요한 비율을 차지하게 되자 여성 의료진에 대해서 모두들 찬양하고 격려를 했습니다. 코로나에 대응하는 과정에서 여성 의료진이 어떠한 역할을 했는지를 더욱더 부각시켰습니다.

특히 중국의 부녀연합^{이하 '부련'}의 역할이 컸습니다. 부련은 중국 공산당, 그리고 중국 정부와도 밀접하게 관련되어 있는데, 다른 나라와는 좀 다른 제도이지요. 이 부련이 가정폭력에 적극적으로 대응했는데, 그래서 중국 부련과 관련된 보도가 많이 나왔습니다. 먼저 여성 의료진을 칭송하고 가정폭력에 반대하는 내용도 보도를 하고 여권 보호를 중시해야 된다는 내용들이 많이 보도되었습니다.

여기에서 한 가지 중요한 활동을 말씀드리고 싶은데요. 코로나가 발생하게 되자 중국의 부련과 자원봉사자 모두 여성들의 생리적인 문제를 해결해야 한다고 강조했습니다. 즉 일부 여성들이 블로그를 통해 방역 일선에 있는 여성의료인력들을 위해(봉쇄 당시 지원물품에서 누락되어 부족했던) 생리대와 팬티형 생리대를 제공해야 된다고 호소를 하기 시작했습니다. 풀뿌리 민간 여성 조직의 힘이 큰 역할을 한 것이지요.

그러나 중국에서 코로나에 대응하는 과정에서 또 다른 문제가 발생을 했습니다. 조금 전에 여성의 생리용품이 부족했다는 말씀을 드렸죠. 특수한 생리용품이 필요해서 제공을 하게 되었던 것인데요. 그런데 중국의 언론에서는 대대적으로 여성 의료진이 얼마나 대단한지를 홍보를 하였고 홍보를 하면서 여성간호사들의 삭발식 이러한 것들을 중점적으로 보도를 했습니다. 하지만 대중들은 이러한 보도를 수용하기가 어려웠습니다.

농촌의 여성들은 인터넷 혜택면에서 상대적으로 취약합니다.

특히 빈곤 지역에 있는 어린이 같은 경우에도 마찬가지인데요. 인터넷을 자주 활용하지 못합니다. 그래서 한 가족 집안 전체에 핸드폰이 한 대뿐이어서 학생은 온라인 수업을 할 때 하나뿐인 그 핸드폰으로 수업을 했습니다. 그리고 인터넷 수업을 받지 못해서 농약을 먹고 자살하는 사건도 발생을 했어요. 다행히도 구조가 되기는 했지만 어린이가 여러 가지 가정폭력에 노출되는 문제가 발생하였습니다.

이와 관련해서 제가 한 가지 말씀드리고 싶은 것은 코로나라는 재난 위기가 발생함과 동시에 우리에게 새로운 계기를 가져다주었다는 점입니다. 여성이 원래 직면하고 있었던 모든 재난들, 불평등 문제가 더욱더 두드러지고 여성이 불평등하다는 것을 사람들이 한층 더 명확하게 확인하게 되는 계기가 되었습니다. 이렇게 확인하게 되니까 개선의 의지가 나타나게 된 것입니다.

이제 제 결론을 말씀드리겠습니다. 국내정치에서 국제정치로 시야를 확대해 보면 국제정치에서는 성별 평등 이슈가 굉장히 중요합니다. 특히 코로나 상황에서 중국에서 성별평등문제는 더더욱 중요한 문제라고 하겠습니다. 두 번째로, 코로나발생으로 의료진의 가치가 매우 부각되었는데 이 과정에서 시민으로서 여성의 역할을 어떻게 볼 것이냐라는 점에 새로운 인식이 생겨났습니다. 2차 대전부터 지금까지 여성이 사회의 인정을 받기 위해서는 전통 남성들이 요구하는, 남성을 위해 기여를 하고 남성이 원하는 사회에 기여를 해야만 인정을 받을 수가 있었습니다. 그럴 때만 인정해 주고 또 여러 가지 포상도 했었지요. 그런데 코로나는 이러한 문제(를 보는 시각)들을 더욱더 크게 확장시켰습니다. 성별 평등이라는 것은 중국과 전 세계가 함께 연결되는 이슈라는 특징이 있습니다. 1995년도에 세계여성대회가 중국에서 개최되면서 젠더 문제가 중국과 세계를 하나로 연결시켰었는데, 이번에도 마찬가지입니다. 그래서 젠더 문제와 환경 문제가 중국과 세계가 연결되는 하나의 중요한 이슈라고 볼 수가 있습니다.

그렇기 때문에 마지막 결론으로 젠더와 성별 평등, 그리고 여성의 취약성, 또 사회의 취약계층 등 이러한 시각에서 본다면 지금이 성별 평등을 추진할 수 있는 가장 좋은 시기라는 점을 말씀드리고 싶습니다. 이뿐만 아니라 코로나 시기에 이런 성별 평등을 추진하는 것은 중국과 세계를 연결시키는 아주 중요한 계기가 될 수 있다고 생각합니다. 왜냐하면 성별 평등을 추진하는 것은 중국이 기대하는 글로벌 거버넌스에 참여하는, 다시 말해 편입되는 단계에서 한 걸음 더 나아가 글로벌 거버넌스를 주도할 수 있는 좋은 계기가 될 수 있기 때문입니다. 이렇게 좋은 계기가 있는데 활용을 하지 않을 수는 없겠죠. 그렇기 때문에 우리는 도전에 직면하고 기회를 포착해 성별 평등을 추진해야 할 필요가 있다는 말로 저의 결론을 대신하고 싶습니다.

ppt 하단에는 참고 문헌들이 실려 있고요. 김 교수님, 제 기조 발표는 여기서 마치겠습니다.

○ 김미란

감사합니다. 중국은 의료인력이 다른 나라와 달리 여성이 상당히 많아서 여성비율이 90% 이상이라고 합니다. 우한으로 간 의료지원인력이 4만여 명이었는데 그중에 여성이 절대다수였다는 사실도 저도 이번에 알게 되었습니다. 그래서 우한이 봉쇄됐을 때당시 예산에 여성용품이 전혀 포함이 안 되어 생리용품이 없는 상태에서 여성의료인들이 공개적으로 달라는 말을 못하고 일을 했다고 합니다. 그런 상황에서 여성들이 블로그를 통해 자발적으로물품지원을 호소하고 전국적으로 네티즌들이 호응을 해서 중국에서 이 일이 굉장히 큰 이슈가 됐다는 말씀을 해주셨습니다. 부런도 거기에 큰 역할을 했고요. 이야기를 풀어가기 위해서 최근 상황을 좀 듣고 싶은데요. 중국은 아직도 춘제(구정 설) 연휴 기간인가요?

○ 리잉타오

네, 끝났습니다.

○ 김미란

우리는 설날에 '인원이 5명 이상 모임 금지'였는데 중국은 '10명 이상 모임 금지'였고, 기차를 탈 때 핵산 검사, 그러니까 코로나 검사를 확인받아서 안전하다는 것을 증명해야지 기차를 탈 수 있도록 했다고 들었습니다. 춘제 기간 동안 실제적으로 통제가 잘 됐는지, 중국 사람들이 어떻게 춘제 연휴를 지냈는지 궁금합니다.

○ 리잉타오

제가 알기로는 아주 성공적으로 잘 통제가 되었습니다. 이와 관련된 ppt도 같이 공유해드리겠습니다. 잘 보이십니까?

○ 김미란

네.

○ 리잉타오

여기에서 보시면 이 QR코드가 '건강 코드'라고 하는 앱에서 다운받은 것입니다. 중국에서는 춘제기간, 그리고 상시적으로 이동을 할 때는 '젠캉바오健康宝'라고 하는 QR코드가 필요합니다. 이 스캔 하나로 이동 경로가 빅데이터에 다 기록이 됩니다. 이것의 목적은 개인의 이동 경로가 모두 기록되기 때문에 확진자가 발생을 했을 때 전화로 바로 '검사를 해라, 격리를 해라' 이런 식으로 지시를 내리는 데 편리합니다. 최근 코로나 확진자가 몇 명씩 발생을 하고 있지만 대규모로 확대되지는 않고 있습니다. 이것은 택시 탈 때 스캔하는 '젠캉바오'입니다. 택시 기사에게 귀찮지 않냐고 물어보았더니, '귀찮지만 그래도 안전하다, 안전이 중요하다'고 대답을 했습니다. 전체적으로 보면, 시민들 대부분은 이 방역 대책을 수용하는 편입니다.

〈그림 1〉 이동 시에 체크용으로 사용되는 베이징시의 핸드폰 QR코드

'10인 이하 모임 금지'의 통제도 중요하다고 생각합니다만 베이징시에서는 10인 이하 금지통제가 그렇게 중요한 것 같지는 않습니다. 중국에서 가장 중요한 것은 사람들의 이동이기 때문입니다. 모임 규모를 통제하는 것도 중요하지만, 유동 인구를 통제하는 게 더욱 중요합니다. 예를 들면 네이멍구내몽고를 들 수 있습니다. 저는 네이멍구 사람이고, 춘졔에 귀경을 합니다. 하지만 기차표를 구입하고 난 뒤에 코로나가 심각해지고 있다는 뉴스를 듣고 저는 기차표를 환불했습니다. 물론 마음대로 갈 수는 있지만 매번 핵산검사 결과지를 보여줘야 하고, 그러려면 반드시 검사를 받아야 됩니다. 어떤 곳을 떠날 때도 핵산 검사지가 필요하고, 또 돌아올 때도 마찬가지로 또 핵산 검사를 해야 됩니다. 갈 때도 검사, 올 때도 검사가 필요하고, 또 14일 격리를 해야 하기 때문에, 휴가

기간에 계속 핵산 검사만 받게 되는 거지요. 이처럼 핵산 검사, 격리 등이 굉장히 번거롭기 때문에 많은 사람들이 아예 움직이지 않게 됩니다.

이렇게 움직이지 않으면 기존에 있는 지역사회는 안전하고, 열차나 버스나 이런 것을 타지 않는다면, 또 이것이 잘 통제가 된다면 크게 확진자가 발생하지 않습니다. 이것이 이번 춘제 기간 동안 중국 정부가 잘한 일이 아닌가 싶습니다. 이동은 가능하지만, 격리, 핵산 검사만 생각하면 골치 아프기 때문에 움직이지 않는 편을 택합니다. 이것이 중국에서 가장 효과적으로 잘한 부분인 것 같습니다.

○ 김미란

움직이지 않는 것은 경기침체와 직결되는데, 그것을 사람들이 받아들인다고 하는 것이 신기합니다. 한국에서는 유동이 없으니까 소비가 안 일어나고 경기침체로 이어져 자영업자들이 굉장히 어려운 상황에 처해 거의 인내심의 한계에 도달한 상황인데, 리잉타오 교수님께선 '중국에서는 이것을 다 수용한다. 움직이지 않도록 통제하고 그 통제를 받아들인다'라는 이야기를 전해주셨습니다.

그런데 제가 최근에 본 중국정부의 통제 방법에 대해서 궁금한 점이 있습니다. 2021년 1월, 베이징시에서 확진자 1명이 발생했을 때 당국은 베이징 시내를 포함해서 스자좡石家庄시와 베이징시의 남쪽인 랑팡廊坊시까지 2,200만 명 인구가 거주하고 있는 그 일대를 봉쇄했어요. 기사를 보고 저는 깜짝 놀랐는데요. 왜냐하면 최근의 확진자는 대부분 해외에서 유입된 변종바이러스라고 보도되고 있는데, 우한에서 했던 봉쇄를 똑같이 이번에 적용했거든요? 이것을 사람들이 어떻게 받아들이는지 궁금합니다. 1,000만 명을 한 번 핵산 검사하는 데 드는 비용은 1,000억 원이라고 합니다. 비용도 비용이지만 사람들이 봉쇄를 어떻게 받아들이는지, 그리고 주민들이 경제적인 손해를 어떻게 감수하는지 궁금합니다.

○ 리잉타오

굉장히 좋은 질문입니다. 움직이지 않는다, 유동하지 않는다. 예를 들면 제가 고향에 가지 않고 베이징에 남아서 설을 보냈는데요. 저는 베이징시내에서 백화점에도 갈 수가 있

〈그림 2〉 베이징시 남부에 있는 대규모 농수산시장인 신파디. 감염으로 부동산 가격이 폭락하기까지 했다.

었고 식당에도 갈 수가 있었습니다. 하지만 아주 고위험지역에는 갈 수가 없습니다. ppt로 제가 자료준비를 했는데요. 고위험지역이라고 하면 바로 이 부분입니다. 위 사진에 보이는 베이징의 신파디新发地농수산 도매시장에서 2020년에 코로나 확진자가 발생했었습니다. 그리고 2020년 12월에 베이징의 순이구順義區에서 또 확

진자가 발생했습니다. 신파디의 확진자는 냉동식품, 콜드체인과 관련됐고 순이는 인도네시아 사람으로부터 전염된 것입니다.

　그리고 종교문제에도 관심이 있으실 것 같은데요. 순이에서 확진자가 발생한 이후에 순이 주민이 시스쿠西什库 교회 근처에 있는 순톈푸順天府 슈퍼마켓에 가서 물건을 구매했다고 합니다. 그래서 순톈푸 마켓을 폐쇄했고 그 근처에 있는 교회도 폐쇄를 했습니다. 시스쿠 교회는 베이징에서 굉장히 유명한 교회입니다. 그렇지만 12월 24일 크리스마스 이브 때 폐쇄를 했어요. 제 친구가 기독교 신자인데, 어제 저에게 교회를 갈 수 없다고 아쉬워하더군요, 그래서 제가 잘 알고 있습니다. 그리고 바이인 역白銀站처럼 사람들이 많이 모이는 장소도 문을 닫았습니다. 하나의 사례, 한 명의 확진자 때문에 관련된 모든 곳을 폐쇄를 한 것입니다. 그 사람이 다녔던 곳뿐만 아니라 그 주변 사람들이 많이 모일 수 있는 장소도 모두 폐쇄를 했습니다.

　이런 강력한 폐쇄 조치에 대해서 사람들은 괜찮다고 생각을 하는 것 같습니다. 중국에는 '작은 쥐구멍이 큰 구멍이 될 수 있다'는 속담이 있습니다. 순이의 예는 굉장히 개별적인 하나의 확진 사례입니다만, 이 확진 사례를 통제하지 못한다면 주변 지역사회에 크게 전염이 될 가능성도 있습니다. 그러면 굉장히 통제하기 어려워집니다. 1명에서 10명, 10명에서 20명까지 굉장히 빠른 속도로 선염될 수 있기 때문입니다. 중국의 속담처럼 작은 불씨가 큰 화재가 될 수 있고, 또 굉장히 작은 쥐구멍이 큰 담을 무너뜨릴 수 있습니다.

또 중국에는 '짧고 센 고통이 긴 고통보다 낫다長痛不如短痛'는 속담이 있습니다. 그래서 단기간 안에 엄격하게 통제를 해서 잘 관리한다면 그 뒤에는 훨씬 더 수월하다고 받아들입니다. 하지만 만약에 한 번 통제에 실패하면 계속해서 물이 줄줄 새는 것처럼 오히려 시민들의 생활이 더 불편하고 더 위험해질 수도 있기 때문에 사람들은 '짧게 아픈 것'을 택합니다. 저도 여러 번 택시 기사에게 질문을 해 봤었는데, 모두 다 수용을 하는 편이었습니다. 물론 일시적으로 손실이 있지만 장기적으로 볼 때 문제해결에 훨씬 더 도움이 된다고 보는 것이지요. 그래서 개별적인 사례가 확대되지 않도록 강력하게 차단하는 것이 더 효과적이라고들 생각합니다.

또 한 가지 사례를 설명해드리겠습니다. 이번 춘제 연휴 때 저와 제 남편이 아이를 데리고 베이징의 한 모스크바 레스토랑에 갔었습니다. 예약을 하지 않고 갔는데 가 보니 레스토랑 전체가 손님으로 꽉 차 있었습니다. 당시가 '10인 이상 모임 금지' 조치가 내려진 첫 날이었는데, 레스토랑이 사람들로 가득하였던 것입니다. 그 때 레스토랑 직원이 서너 팀이 나가기를 기다려야 된다, 오랫동안 대기해야 한다고 안내를 했습니다. 그래서 결국 저희는 식사 때를 넘겨서 밥을 먹었습니다. 사람들이 굉장히 많았고 제 옆에 있던 동료는 '어제 저녁에는 지금보다 더 많았다'고 이야기했습니다. 이 사례를 통해서 보면, 중국 정부의 엄격한 방역 조치 덕분에 산발적인 감염이 억제됐다는 것을 알 수 있습니다. 산불이 났을 때 불이 난 몇 그루의 나무를 잘라버리면 산 전체가 타는 것을 막을 수 있습니다. 그렇기 때문에 우리가 짧게 고통을 겪는 것이 장기적인 고통보다 훨씬 낫다고 이야기하는 것입니다. 단기적으로 인내를 한다면 장기적인 이익을 담보할 수 있습니다.

그래서 정부의 엄격한 방역 조치를 중국인들이 수용을 하는 편인 것입니다. 그런데 여기에 한 가지 전제가 있습니다. 중국인들은 저축을 잘 합니다. 설사 한 달 동안 일을 하지 않는다 하더라도 저축은 유지되어야 합니다. 그런데 만약에 두 달, 세 달 이상 저축을 하지 못하게 되면 중국인들은 참지를 못하게 될 겁니다. 그래서 저축해 놓은 돈이 다 떨어지기 전에 이러한 방역 조치는 완화되어야 합니다. 사람들이 저금해 둔 돈이 다 소진되기 전에 조업 재개와 생산 재개가 이루어져야 한다는 의미입니다. 그래서 이런 강력한 방역 조치는 너무 장기적으로 취해서는 안되는 것입니다. 여러분이 이해할 수 있을지 모르겠지만, 이 정도로 답변을 드리겠습니다.

○ 김미란

감사합니다. 중국정부가 일부 감염 지역에 초강력 통제를 하면 그 지역에 살고 있는 사람은 일마간 고통스럽겠지만 그 외의 지역

주민들은 안전하게 일상생활을 할 수 있다는 말씀이었습니다. 이런 방역방식이 중국 속담 중에 '긴 고통보다는 짧고 센 고통이 낫다'는 말과 상통한다고 설명을 해주셨고 이때 주의해야 할 것이 저축이 바닥나는 '한 달'을 넘겨서는 안 된다는 말씀도 덧붙여 주셨습니다.

이번 코로나로 인해 중국에서 노동시장에서 가장 큰 어려움을 겪은 집단은 2020년도 하계 대학졸업생과 농민공이었고 여성도 그 주요 범주에 속하였습니다. 학생들의 대면, 비대면 수업은 어떻게 진행되었는지, 그리고 노동자들의 실직상황은 어떠하였는지 궁금합니다. 통계에 따르면 2020년 1분기에 중국의 경제성장률이 −6.8%로 떨어졌을 때 실직자가 2,500만 명에서 많게는 7,000만 명이었다고 보도되었는데 코로나가 진정된 후에 이들이 일자리로 돌아왔는지 설명을 부탁드립니다.

제가 살펴본 바로는 중국정부가 실직자들에게 한 조치 가운데 '共享员工비정규직의 일자리에서 실직자들을 흡수하라'이 대표적인 노동정책이었다고 합니다. 한국의 경우 비정규직, 특히 택배배송 노동자들은 코로나 이후 과중노동으로 종종 생명을 잃어 사회적 문제가 되고 있습니다. 중국은 어떤가요? 한국은 자영업자 비율이 25%를 차지하는데 이분들은 지금 임대료 압박과 정부의 영업폐쇄로 고통을 받고 있습니다.

중국정부는 대안적 조치로 자영업 창업을 독려하고 건물주에게 월세감면을 요구하였다고 합니다. 사유재산에 대한 권리인 월세 수입을 건물주들이 실제로 감면하였는지, 정부는 월세감면에 대한 보상은 하지 않았는지 실제 상황이 궁금합니다.

○ 리잉타오

선생님의 질문은 코로나-19로 인해 전반적인 중국의 경제발전, 취업상황, 취업정책, 대중들의 생활 등에 받은 영향과 중국 정부와 기업체, 사회 및 개인이 코로나-19에 대한 대응조치와 결과에 대한 아주 좋은 질문입니다. 코로나-19가 전세계적으로 확산되면서 세계 각 나라가 모두 심각한 위기를 겪었습니다. 코로나-19가 중국에서 최초로 발견된 뒤 아무런 정보와 대처경험이 없는 상황에서 얼마간 시간이 지난 뒤 중국의 '제도적 강점'을 보여줄 수 있는 대응모드가 형성되기 전까지 중국은 짧은 과도기적 단계를 겪었습니다.

중국이 지난 일 년 동안 시행한 대응조치를 돌아보며 저는 전체적인 대응정책과 구체적인 대응조치 두 가지 측면으로 나누어 답변을 드리도록 하겠습니다.

먼저, 중국정부가 전체적으로 철저한 단속조치를 취한 것은 신속하게 문제를 중단시키고, 각종 어려움을 해결하는 중요한 수단이었다고 할 수 있습니다. 이것은 다시 여섯가지 측면으로 나누어 설명을 드릴 수 있겠는데요, 첫째로 코로나-19는 기존 '취약계층'

및 '취약성'의 '증폭기'이자 새로운 '취약계층' 및 '취약성'을 증폭시키고 가속화하는 '촉매제'입니다. 따라서 코로나-19로 인한 피해를 최소화하기 위한 중국의 전면적인 대응조치는 바로 철저하고 엄격한 방역조치를 실시하는 것이었습니다. 가장 빠른 속도로 코로나-19의 확산을 막는 것이 그것이 초래하는 피해를 최대한도로 낮추는 가장 효율적인 방법이기 때문입니다.

둘째로, 코로나-19는 전염성이 강하고, '취약계층'에 대한 위험성이 큰 질병입니다. 더우기 중국은 건강의료보장이 취약한 지역과 집단이 대량으로 존재하는 데다가 글로벌 시대에 중국의 시골에서부터 전세계 각 지역으로 곧바로 갈 수 있는 편리한 교통 및 유동 인구 때문에 모든 지역은 코로나-19 위기의 영향을 피할 수 없게 되었습니다. 만약 의료위생시설이 취약한 지역에서 코로나-19가 크게 확산되면 상황이 더욱 위험해지기 때문에 신속하고 단호하며 엄격한 조치를 취한 것은 중국의 객관적인 상황에 부합하는 적절한 것이었습니다.

셋째, 중국 사람들은 "천리에 달하는 큰 제방도 개미구멍 하나 때문에 무너진다", "아주 작은 불씨가 들판을 태울 수 있다"라는 전통사상을 가지고 있고, 그 결과에 대한 충분한 인식을 가지고 있기 때문에 정부가 과감하게 조치를 실행하여 코로나-19의 확산을 막은 것은 대중들의 심리적 기대에 부합하는 것이었습니다. 또한, 중국 사람들은 저축하는 습관이 있기 때문에 수중에 있는 저축으로 단기간 동안 수입이 감소하는 상황을 대비할 수 있었고, 곤경을 이겨낼 수 있었습니다. 이러했기 때문에 대다수 사람들은 정부가 취한 엄격한 방역조치를 이해할 수 있고, 적극적으로 협조할 수 있었습니다.

넷째, 중국정부가 실시한 엄격한 방역조치로 인한 중국 인민들의 인권에 대한 문제를 논의하고자 하신다면 여기서 우선 강조되어야 하는 것은 중국에서는 인권이념 가운데 생존권과 발전권이 가장 기본적인 인권이라고 인식되고 있다는 사실입니다. 어떤 나라의 국민들이 인권을 지키기 위해 마스크 착용하지 않고, 자가격리를 거부하는 것과는 반대로, 중국사람들은 '생존권'이라는 가장 기본적인 인권을 중요시합니다. 코로나-19가 전세계적으로 확산되는 상황에서 바이러스 감염을 방지하는 것은 중국의 인권 이념 가운데 가장 크고 중요한 인권 함의에 부합하는 것이라 할 수 있습니다.

다섯째, 국가와 지방정부가 각각 방역 일선에 있는 의료진과 그 가족들, "취약계층"및 코로나-19의 영향을 크게 받은 기업체를 지원하는 정책과 조치를 실행해서 기업체 및 개인의 피해를 감소시켰고 코로나 난관을 극복하는 데 도움을 주기위하여 노력을 했습니다. 물론 이렇게 하였음에도 불구하고 사회 전체가 여전히 큰 어려움을 겪고 있습니다.

여섯째, 엄격한 방역통제의 효과로, 현재 중국은 사회의 생산활동과 대중들의 생활 모두가 어느 정도 회복되고 있습니다. 『중국의 은행 중국 경제금융 비전 보고서(2021년 2분기)』에 의하면 2021년 1분기까지, 중국정부가 효과적으로 방역통제를 하여 경제사회 발전에 적극적인 효과를 거두었다고 합니다. 중국 경제는 전체적으로 2020년 2분기 이후 안정적인 회복 추세를 이어가고 있으며 1분기의 GDP지수가 16.7% 가량 증가된 것으로 추산됩니다.[1]

이제는 구체적인 문제로 넘어가서 세분화된 각각의 집단들이 직면하는 도전에 대해 취해진 구체적인 대응에 대하여 말씀드리겠습니다. 먼저 코로나-19 방역 기간 동안 대학교의 수업상황을 제가 있는 베이징외국어대학교의 수업 상황을 중심으로 살펴보면, 2020년 봄학기 개강한 후부터 한 학기 내내 온라인 수업 위주로 진행되었습니다. (중국으로 유학 온 외국학생들의 자국 귀국후 상황을 고려한) 시차, 인터넷 상황, 설비 조건 등을 고려해서 학교측은 각 과목에 적합한 웹사이트나 어플리케이션으로 수업을 실시하도록 허용하였고 실시간 강의, 녹화 수업, 독학(자료 해석＋과제제출) 등의 형식으로 수업을 진행하도록 하였으며 성적 평가 방식도 다양했습니다. 모든 학생들이 수업을 들을 수 있도록 기회를 제공한 것이지요. 둘째로 2020년 가을학기부터 중국 학생들은 캠퍼스로

---

1 「중국은행연구원이 「2021년 2분기 경제금융비전보고서」를 발표했다」, 2021.4.1.
https://www.boc.cn/aboutboc/bi1/202104/t20210401_1 9218551.html

돌아 왔습니다. 하지만 방역을 위해 50명 이하인 경우에만 대면 수업을 진행하고, 만약 그 과목에 자국으로 돌아간 외국유학생이 있으면 온라인 실시간 수업과 오프라인 수업을 동시에 진행하도록 하였습니다. 그리고 인원이 50명이 넘는 수업은 온라인으로 수업을 진행했습니다. 셋째로, 2021년 봄학기부터는 모든 수업이 대면수업으로 회복되었습니다. 하지만 대부분의 강의에 외국에서 온 유학생 수강생들이 있고, 이 유학생들이 학교로 돌아오지 않은 상황이었기 때문에 모든 과목이 기본적으로 온라인과 오프라인을 병행하는 방식으로 진행되었습니다. 외국인 유학생에 대해서 학교에서는 전문적으로 특별한 조치를 실시하고 있습니다.

온라인 수업은 코로나-19의 상황에서 부득이하게 택하게 된 수업 방식으로 장점이 있지만 단점도 있습니다. 예컨대, 장점으로는 베이징 외국어대 '데이터 분석'이라는 과목 같은 경우엔 실시간 온라인 수업으로 진행하면 컴퓨터 화면을 공유할 수 있고, 발표내용도 더욱 확실하게 들을 수 있어서 대면수업으로 회복된 후에도 여전히 학생들에게 온라인 수업을 진행하고 있습니다. 하지만 '협상학谈判学' 같은 과목처럼 실천 및 상호작용이 필요한 강의는 온라인 수업으로 진행하면 효과적이지 않을 수가 있습니다. 코로나-19는 세계 각국의 교육과 수업방식을 바꾸었고 온라인과 오프라인을 병행하는 수업방식은 아마 앞으로 가장 환영받는 수업방식이 될 수도 있을 것입니다.

그 다음 대학 졸업생 취업난 문제를 어떻게 해결하였는가라는 점을 말씀드리겠습니다. 코로나-19의 영향으로 2020년 하계 대학졸업생의 취업률 상황이 가장 심각하게 나빠졌습니다.(중국은 여름 졸업, 가을학기 입학) 중국정부는 대학 졸업생들의 취업 문제를 몹시 중시하고 주목하였으며 교육부는 대학졸업생의 취업을 가장 중요한 문제로 인식하여 다음과 같은 조치를 실시하였습니다.

첫째 '본기 졸업생'의 신분을 2년간 유지한다. 이 '본기 졸업생'의 신분은 대학 졸업생의 취업에 있어서 아주 중요합니다. 해당년도에 졸업하는 본기 졸업생들이 구직하는 과정을 '학교 내 모집'이라고 하고, 기졸업생들이 구직하는 과정은 '사회 모집'이라고 구분합니다. 본기 졸업생 신분을 갖고 있으면 구직하는 데 훨씬 유리한데, 본기 졸업생만 모집하는 회사들이 많기 때문이지요. 코로나-19로 인해 본기 졸업생들이 겪게 되는 취직의 어려움을 해소하기 위해 2020년 2월 28일, 교육부는 다음과 같은 공지를 발표했습니다. "졸업 후 직장을 못 구한 본기 졸업생들의 서류를 학교에서 규정대로 2년 동안 보관해 주며, 2년 안에 직장 구하게 되면 본기 졸업생 신분으로 취업수속을 밟도록 도와주어야 한다."

둘째, 창의적인 방식으로 졸업생 취업을 돕는 활동이 전개 되었습니다. 각 지역정부는 졸업생의 취업에 도움이 되는 방법을 마련해주었는데 예를 들면, 허난성 관련 부서들은 서로 협력하여 '허난河南성 2020년도 대학 졸업생 새로운 시대, 새로운 꿈' 취업 창업

공익 지원 활동을 실시하였습니다. 주요 내용은 허난성 2020년도 대학 졸업생 가운데 특히 가정 형편이 어렵거나, 장애인, 소수민족, 퇴역한 군인 대학생, 여자대학교, 후베이湖北성 출신 등 특수집단을 대상으로 "일생일책一生一策"을 실시하여, 온라인과 오프라인을 병행하는 방식으로 인력 양성교육과 일자리 배정, 창업 대회 등의 활동을 전개하여 졸업생을 위한 전문적이고 상시적인 프로그램을 온라인·오프라인 중 편리한 방식으로 선택할 수 있도록 기회를 제공하였습니다. 허난성은 또한 창업하는 대학생을 대상으로 우수한 창의적 창업 대회와 같은 유관 행사를 개최하여 취업 및 창업을 격려하는 데 도움이 되는 환경을 조성하였습니다.[2]

그 다음으로 택배산업의 발전과 택배기사 과중 노동 문제에 대해 말씀드리겠습니다. 첫째, 이 문제는 새롭게 제기된 '오래된 문제'입니다. 코로나-19 기간에 발생한 새로운 문제가 아니지요. 인터넷 쇼핑 증가에 따라 택배업체가 지속적이고 빠른 발전을 보였으며 택배기사의 과중 노동 문제가 일부 국가에서 나타났고 중국도 마찬가지였습니다. 도시 택배기사들의 업무 부담이 크고, 전체적으로 과중 노동추세가 나타나 80%의 택배기사들이 불규칙적인 업무, 야간근무, 휴식시간이 없는 근무환경에 처해 있어서 정신적

---

2   중화인민공화국교육부.
    http://www.moe.gov.cn/jyb_xwfb/moe_2082/zl_2020n/2020_zl20/index_1.html

인 스트레스와 신체적인 부담을 겪고 있습니다.[3] 문제의 핵심은 택배기사의 노동강도가 높은 반면에, 수입수준과 복지가 낮고, 택배기업이 택배기사들에게 제공해 주는 수입보장이 종사자들의 희망수준과 현격히 차이가 나는 데다가 중국의 노동력시장 규정이 불완전하고, 국가 및 사회의 택배기사의 노동경제권익에 대한 보호가 부족한 데 있습니다. 2019년 2월 1일 점심 무렵, 시진핑주석은 베이징시 전문前門, 시내중심가 동구에서 현장방문을 마치고 돌아가던 도중에 골목에 있는 택배대리점과 분식점에 들어가 일하고 있던 택배기사 등의 노동자들을 방문하여 그들의 근무와 생활 상황을 물어 보았습니다.[4] 시진핑의 이 방문은 중국 정부가 이 문제에 대하여 이미 매우 중시하고 있다는 것을 시사합니다.

둘째, 코로나-19로 인해 택배기사의 업무 부담이 갈수록 늘어나면서 그들의 사회적 역할도 인정을 받게 되었는데 구체적인 내용은 다음과 같습니다. 도시 봉쇄, 사회적 거리 두기, 자가격리 등으로 인해 사회의 생산이 전면적으로 멈춘 상태에서 택배업무는 줄어들기는 커녕 오히려 증가하였고 택배종사자도 늘어나 그들은 더욱 큰 사회적 책임을 갖게 되었습니다. 택배기사의 과중노동 문

---

3   임원(林原)·이효휘(李晓晖)·이연영(李燕茉),「베이징시 택배기사들의 과중노동 상황 및 영향 요소-1214명 택배기사 설문조사를 근거하여」,『중국유통경제』, 2018.8, 79~88쪽.
4   「시진핑이 '택배기사'를 방문했다」.
     http://www.gov.cn/xinwen/2019-02/01/content_5363124.htm

제가 대중들의 주목을 받게 되었고 사회 각 계층에서 택배기업의 노동보장에 대한 감시를 강화하고 택배기사의 합법적인 권익을 보장해야 한다고 호소했습니다. 택배기업의 인력관리 수준을 높여 택배 종사자들에게 효과적인 격려를 통해 장기 종사자들을 유지하여 택배서비스의 품질을 높여야 한다고 요구했던 것입니다. 사회 여론도 택배기사들이 자신의 건강관리를 중시하라고 권장하고, 택배종사자들의 과중 노동을 완화시키려고 노력했습니다. 시민들이 SNS를 통해 택배기사들을 이해하고 잘 대해주자고 호소하는 동영상과 글을 종종 올렸으며, 관영 매체도 택배종사자들의 사회적 공헌과 그들에 대한 긍정적인 이미지를 위주로 홍보를 하였습니다.

셋째, 택배종사자들의 사회보장문제가 주목을 받게 되었습니다. 2020년 12월 15일, 국가우체국이 택배종사자의 합법적인 권익을 보장하는 기업체의 주요 책임자와 간담회를 개최하였습니다. 주최측은 체계적인 관리를 통해 다양한 방법으로 택배종사자들의 합법적인 권익을 보장하고 현실적이고 실행가능한 조치를 취하여 택배기사들의 합법적인 권익을 보호함으로써 그들의 고충을 해결하고 사회주의 현대화 국가를 건설하는 데 더욱 중요한 역할을 발휘할 수 있도록 해야 한다고 했습니다. 2021년 2월 10일, 국무원 연합 방역 관리팀이 국가 위생건강위원회 기자회견실에서 기자회견을 했습니다. 그리고 어떤 택배기사가 기자회견에서 춘제春节 기간 서비스 보장 및 방역상황에 대해서 소개를 하였습니다.[5] 이런 활동상들을 통해 우리는 국가가 택배기사가 직면한 문제를 중시하고 있다는 것을 알 수 있습니다. 전체적으로 보면 국가, 기업체, 사회 및 택배종사자 본인, 고객 등 관련자들이 모두 책임을 지고 택배종사자 및 소비자의 합법적인 권익을 보장해야 할 것입니다.

그 다음 월세 감면질문에 대하여 답하겠습니다. 중국의 집값과 월세가 대폭 상승하고 있는 상황에서 창업 및 취업을 격려하는 한편, 저소득 집단의 거주 요구를 만족시키기 위해 중국 정부와 지방정부가 저가 임대주택, 공공임대주택, 경제형주택, 제한경매주택 등 임대와 매매 상품을 개발하였습니다.

정부가 여러 정책을 만들어 거주문제를 지원하였는데, 예를 들어, 주택 임대 회사가 내야 하는 부가세의 비율을 낮추고, 부동산 중개사 관리를 강화하는 방법을 실시하여, '건물주'로 하여금 임대료를 낮추도록 설득하였고 동시에 세입자한테 월세보조금을 지원하였습니다. 그중 '공공임대주택'은 국가의 지원을 받아, 건물 스펙 기준 및 임대료 수준을 제한하고, 조건에 부합한 도시와 읍의 저소득 가정, 무주택 신입사원, 외지인 근로자들에게 제공해주는 임대아파트입니다. 저가임대주택은 정부가 저가주택 임대배

---

5 「택배기사가 처음으로 국무원 기자회견에 참석했다」.
  https://www.ems.com.cn/newsandinformation

분과 임대 보조를 지원하는 방식으로 도시와 읍의 최저 생활 보장 기준에 부합하고 무주택인 가정에게 제공한 사회복지 주택입니다. 2014년부터 각 지역의 공공임대주택 및 저가임대주택 정책이 합병, 일원화되어 '공공임대주택'이라고 불렀습니다.

세 번째로 주택매매 분야의 사업인 '경제형주택'은 국가 경제형 주택 건설 계획에 따라 건축된 주택입니다. 국가에서 통일적으로 계획을 세우고, 부지는 일반적으로 정부가 공공 토지를 지정하는 방식으로 하여 토지양도금을 받지 않고 각종 필요 요금에 대해 50% 감면을 해 줍니다. 판매 가격은 정부유도가격으로 정하여 이윤을 최소화하는 것을 원칙으로 하지요. 경제형주택은 일반 주택보다 경제성, 보장성, 실용성이라는 특징을 가지고 있다 하겠습니다. 끝으로 '제한경매주택'은 '집값을 정하고, 부지를 경매하는' 토지양도방식으로 판매하는 주택상품입니다. 이것은 토지를 양도할 때 이미 주택 출시가격을 정하고, 토지는 부동산개발업자들이 경매를 통해 낙찰받도록 하는 방식인데, 이는 부동산개발업자들이 부지를 투기매매하여 집값을 올리는 것을 방지하기 위한 정부의 조정조치입니다.

○ 김미란

네, 노동시장과 주택 등 대중들의 삶에 대한 정부의 조정조치들에 대한 상세한 답변 감사합니다. 이제 다음 질문을 드리겠습니다.

다른 나라의 코로나 상황을 보면 거의 대도시가 중심입니다. 뉴욕, 서울, 파리, 런던 등을 예로 들 수 있겠는데요. 그런데 중국은 코로나 발생지를 보면 지방이나 농촌도 많습니다. 중국의 경우 농촌의 감염이 왜 이렇게 많은지 궁금합니다. 그리고 더 알고 싶은 것이 있는데요. 원톄쥔에 따르면, 농촌에는 코로나 발생자가 거의 없고 또 봉쇄로 인해 도시 사람들이 유입되지 않았기 때문에, 다시 말해 농촌이 소위 '스스로 격리시킴으로써 안전했다'고 지적했습니다. 이 지적은 현재 중국 농촌의 코로나 감염 상황과 상충되는 것으로 보이기 때문에 이에 대한 설명을 부탁드립니다. 마지막으로 원 교수는 농촌에 의료시설이 좋지 않아 많은 여성들이 어려움을 겪는다고 말씀하시고 중의학으로 코로나를 치료하는 데에 효과를 보았다고 말씀하셨는데요, 이에 대해서도 좀 더 자세한 설명을 듣고 싶습니다.

○ 리잉타오

원톄쥔 교수가 스웨덴에 대해서 강연을 할 때 디커플링에 대해 이야기를 했었습니다. 간단히 요약하면, 서구 국가들이 중국과 디커플링하려고 하기 때문에 중국 최후의 보루는 농촌이라는 지적이었습니다. 특히 코로나 상황에서 중국의 농촌은 대도시와 접촉이 적고 교류가 적기 때문에, 농촌 지역이 스스로를 자체 봉쇄 사회로 만들기 쉽기 때문에 방역에 유리하다고 언급했습니다.

그런데 김미란 선생님께서 말씀하신 것처럼 원톄쥔의 이런 지적은 지금의 상황과는 맥락이 다릅니다. 중국 동북 지역의 헤이룽장黑龙江성과 지린吉林성의 통화通化시의 확진자가 어디에서 비롯됐는지를 보도록 하겠습니다. 확진자는 랴오닝辽宁성의 다롄大连시에서 왔습니다. 그리고 다롄 확진자는 러시아에서 수입한 냉동식품, 즉 콜드체인 운송 식품에서 감염되었습니다. 다롄의 콜드체인 운송 식품이 일부 사람에게 이러한 감염을 일으킨 이후 열차를 통해서 하얼빈으로, 또 지린의 통화 지역으로 전파됐습니다. 그렇기 때문에 이러한 감염사례는 현지에서 발생한 것이 아니라 사람들 간의 이동을 통해서 전파된 것입니다.

우리가 기억해야 할 것은 전 세계가 교통 운송, 철도를 통해서 모두 연결되어있다는 점입니다. 지금 현재 진정으로 고립된, 즉 봉쇄된 농촌은 없습니다. 전 세계가 모두 연결되어 있습니다. 또 베이징의 외곽인 순이 같은 경우에도 인도네시아에서 온 사람으로부터 감염됐습니다. 순이에서 감염 사례가 나온 뒤 베이징의 시청西城 : 시내중심지로 전파되었고, 료녕성의 다롄의 확진자가 지린성의 통화까지 바이러스를 전파시켰습니다. 이를 통해서 세계가 연결되어있음을 알 수 있습니다. 베이징시는 물론 도농 이원 구조를 가지고 있습니다. 그런데 이것은 호적제도이지 감염병에 이원 구조가 호적제처럼 적용되는 것은 아닙니다. 예를 들어 뉴욕 같은 경우 비행기로 사람들이 이동하면 충분히 감염될 수 있어요. 농촌도 마찬가지입니다.

그런데 농촌은 사람들의 이동이 도시처럼 많지 않습니다. 중국은 감염 사례가 발생하면 관련된 사람들을 엄격하게 격리했고 그렇게 해서 전파를 중지시킬 수 있었습니다. 중국이 도농 이원 구조를 가지고 있기는 하나 글로벌화와 교통운송의 발전에 따라 감염은 더욱더 확산이 되었습니다.

산발적인 감염은 지역사회와 직접적인 관련이 있는 것이 아닙니다. 중국에서는 산발적인 감염이 발생했으며 지역사회 전체가 감염된 것이 아니었습니다. 중국의 지린성 감염과 관련된 통계는 우측 제 자료

〈그림 3〉 지린성 통화시의 해외발 변이바이러스 감염 폭발사례 보도

를 살펴보시기 바랍니다. 사람이 지역간 이동을 함으로써 전파가 된 것입니다. 질문에 감사드립니다. 굉장히 좋은 질문이었습니다.

○ 김미란

이제 여성문제에 대해 여쭤보고 싶습니다. 교수님께서는 신체

적으로 여성이라고 해서 병에 쉽게 감염되는 것이 아니며 사망자는 오히려 남성이 더 많다는 점을 지적해주셨습니다. 여성의 신체적 특징보다는 사회적 조건이나 여건, 즉, 비정규직이나 직종과 같은 사회적인 조건 때문에 코로나발발 후 차별이 심해졌으며 그 차이가 더 벌어지게 되었다고 하셨습니다. 저도 이 부분이 굉장히 중요한 지점이라 생각하고 말씀에 동의합니다.

　그런데 이 부분은 조금 구분을 지어 이야기해야 할 것 같습니다. 선생님께서는 코로나 이후 가정에서 남성들의 돌봄노동이나 가사 등이 코로나 이전보다 훨씬 증가했다고 지적하셨습니다. 그리고 여성들이 일과 가정 사이에서 아이를 돌봐야 되는 경우에는, 참고 자료로 주신 쉬지우지우徐玖玖 교수님도 유사한 언급을 하셨는데, 그럴 경우에 여성들은 직장을 포기하고 집에서 양육을 하게 되는 경우가 많다고 하셨습니다. 그런데 이런 '선택'에는 한 가지 전제가 있습니다. 남편의 수입이 아내보다 많기 때문에 여성이 일을 포기하고 집에서 양육을 담당하는 것이 당연하게 받아들여진다는 점입니다. 다시 말해서 남성의 임금이 여성보다 높기 때문에 여성들은 그런 구조 때문에 육아와 노인 돌봄을 선택할 수밖에 없는 것이 현실이라는 것이지요. 교수님께서도 이런 구조적인 문제가 해결되지 않으면 안 된다는 말씀을 하셨고 저 역시 위기 상황에서 경제적인 문제가 가장 중요한 문제라고 생각을 합니다.

　제 이야기를 요약하면 도시 중간계층 이상의 여성의 경우, 남편이 아이 양육에 참여하고 가사도 분담하지만, 그 이하계층의 경우에, 즉 안전한 집도 없고 수입이 줄어들고 일자리도 사라졌는데 아이를 돌봐야 되는 상황에서 여성의 상황은 코로나이전보다 훨씬 악화되고 있다고 하겠습니다. 그래서 교수님의 말씀을 계층에 따라 구분지어 이해하는 것이 어떨까 생각합니다.

○ 리잉타오

네, 맞습니다. 여성의 상황은 어떠한 사회 여건에서라도 모두 다 분리해서 볼 필요가 있습니다. 젠더는 다른 요소와 복합적으로 얽혀있습니다. 저는 중산층 지식인이고, 고등교육을 받았고, 전문직을 가지고 있는 젠더 연구자입니다. 이런 제가 소득이 낮고 생활 소득이 더욱더 낮은 여성들을 온전히 대변한다고 말하기 어렵습니다. 어떻게 보면 그들이 자신의 실제적인 상황을 연구자에게 보여주도록 하기도 굉장히 어렵습니다. 다시 말해서 우리는 그들의 생활을 잘 이해하고 있다고 말하지만, 실제로는 그렇지 않습니다. 항상 격차가 존재합니다.

이번 코로나도 각국의 통계 데이터들을 보면 남성의 사망률이 높습니다. 사망률은 그들의 신체 상황과 노출 상황과 관련이 있을 텐데요, 우한 사태가 1년이 지났는데 우한에서 남녀의 사망률이 얼마나 되는지, 확진자 비율이 어떻게 되는지 구체적인 상황이 어떤지에 대해서는 아직까지 연구가 많이 부족합니다. 특히 젠더,

성에 대한 통계는 더더욱 적습니다. 우한뿐 아니라, 중국도, 한국도, 전세계적으로도 젠더에 기반한 통계가 아직 부족하기 때문에 우리가 더 많은 연구를 해야만 합니다.

그래서 계층의 관점에서 여성의 상황에 대해 통계를 내야 하는데 이런 부분도 부족합니다. 중국 남성의 경우, 코로나 상황에서 남편들이 장을 보러 간다고 할 때면 주위에서 "물건도 살 줄 모르면서 아무거나 사고, 왜 부인을 보내지 않는 거야?"라는 식으로 이야기들을 합니다. 이런 현상에 대해서 역시 몇 가지 해석을 할 수가 있는데요. 중국에서는 젠더에 대해 하나의 정형화된 생각을 가지고 있습니다. '남자들은 가사를 할 줄 몰라'라는 고정관념이 그것이죠. 그리고 코로나로 봉쇄된 상황에서 남자가 쇼핑이나 장보기를 하러 가면 '영웅'이라는 이미지가 있습니다. 코로나 상황이 '위험한 상황이니까 우리가(남성이) 더 저항력이 높아'라고 하면서 남자들이 장보기를 합니다. '나는 더 남자다워야지'라면서 장보기를 하는 것이지요. 특정한 상황에서 자신의 남성다움을 과시하려고 장보기를 하는 것입니다. 사실 어떻게 보면 위기가 젠더적으로 남성성을 더 강화시켰다고 볼 수가 있습니다.

○ 김미란

설명 감사합니다. '위험하니까 내가 가야 된다'는 남성성의 과시가 상당히 흥미롭네요. 그리고 빈곤계층의 여성들에 대해서는 말씀하신 것처럼 그 상황을 드러내는 것 자체가 굉장히 어렵습니다. 지금 한국에서 몹시 심각한 사회 문제중 하나는 사회적 격리 이후에 여성들이 집에 고립되는 상황입니다. 정부에서는 "안전한 집에 머무세요"라고 이야기를 합니다. 하지만 가정에서 남편과 아이들과, 또 직장을 잃은 상태에서 집에 머물 때, 여성에게 집은 절대로 안전하지 않습니다. 여자들이 집에서 위협을 받을 때 누구에게 신고를 하며 어디에서 휴식을 얻을 수 있을까요? 현재 한국의 경우는 코로나로 인해 여성들의 피난처인 '쉼터'가 다 문을 닫아서 도움이 필요한 사람들이 갈 수 있는 보호공간이 없습니다. 프랑스에서는 그래서 최근 수녀원과 비어 있는 호텔을 개방했다고 하는 보도가 있었습니다.

중국의 상황을 보면, 코로나 이후 가정폭력의 신고 건수가 3배가 늘었다는 통계가 있습니다. 그런데 영국도 그렇고 스페인도 일본도 그렇게 늘었습니다. 그런데 이중에 한국과 뉴욕, 이탈리아 이 세 지역은 봉쇄 시기에 신고 건수가 오히려 줄어 들었습니다. 일례로 한국의 상황을 조금 들여다 보면, 방역이 2.5단계, 혹은 3단계로 높아질수록 신고 건수가 줄어 들었습니다. 그런데 방역이 2단계, 1.5단계로 내려가면 신고 건수가 2배, 3배로 폭증을 합니다. 경기도 성남시의 통계를 보면, 2020년 2~4월은 계속 감소해서 신고가 200건이었다가, 방역단계가 낮아진 6월이 되니까 갑자기 700건으로 신고 숫자가 폭증했습니다.

이러한 변동폭이 의미하는 것은 폭력은 계속 발생하고 있었지만 상황에 의해 신고 건수가 달라진다는 것입니다. 외출이 통제되고 남편과 같이 있을 때는 겁나서 신고를 못 하는 거죠. 남편이 알까 봐. 그래서 요즘 유튜브를 보면, 동물병원에 동물 치료하러 갈 때 동행한 남성 몰래 여성이 간호사에게 '살려주세요'라고 쪽지를 건넨다든가, 코로나시기에 의심받지 않고 방문할 수 있는 약국으로 외출을 하여 피해여성이 '마스크19'라는 비밀 암호를 보내면 약사가 살려달라는 구조 신호로 알아듣는다는 보도가 있었습니다. 중요한 것은 가정폭력사건은 계속 발생하지만 이동이 통제됨으로써 여성들이 신고할 수 없는 상황이 되었다는 점입니다.

그러나 더 당혹스러운 것은 여성이 신고를 해도 도움을 줄 수 있는 방법이 없는 현실입니다. 피난처가 모두 폐쇄되었기 때문이지요. 최근 조사를 통해 분석과 통계수치가 나오지만 대책은 없습니다. 한국 사회는 지금 대안을 제시하지 못하고 있고 여성이 목숨을 잃은 후에야 경찰이 늦게 도착하는 경우가 종종 발생하고 있습니다. 코로나 상황에서 한국에서 여성에 대한 폭력이 3배로 증가했다는 보도가 있었는데, 정부에서는 이렇다 할 대책을 내놓지 못하고 있는 실정입니다. 중국에서는 이런 상황에 대해 어떤 조치가 있었는지 듣고 싶습니다.

○ 리잉타오

　김미란 교수님의 굉장히 좋은 질문에 감사드립니다. 코로나로 인해서 가정폭력은 더 늘어났습니다. 이러한 상황은 중국 우한에서 최초로 나타났습니다. 그 이후 전국적인 자택 격리 기간에 각 지역에서 가정폭력 사례가 늘어났다고 합니다. 그런데 각 지역별 통계 데이터가 많지는 않습니다.

　중국의 경우, 어떻게 보면 코로나가 하나의 기회가 되었습니다. 2015년부터 중국에서는 '가정폭력반대법反家暴法'을 제정하여 시행하고 있습니다. 가정폭력반대법이 2020년으로 4년 차가 됐고 올해로 5년 차가 됐습니다. 이 가정폭력반대법 시행 이후부터, 그러니까 코로나 발생 전에도 중국에서는 여성을 가정폭력으로부터 보호해 왔었고 이 법이 어떠한 영향을 미쳤는지도 조사를 했습니다. 1, 2차 연도의 상황을 보면, 전체 언론에서 효과적으로 홍보를 했지만, 구체적으로 실시하는 과정에서 여러 가지 문제가 나타났습니다. 예를 들어서 경찰이 제대로 법을 집행하지 않는다거나 법 집행의 강도가 낮다든가 혹은 각 지역에 쉼터가 부족하다든가 등의 문제가 있었습니다.

　그래서 매년 많은 시민사회, 특히 기층 NGO들이 가정폭력반대법 실시의 효과와 관련해서 많은 논의를 했습니다. 혹시 중국의 가정폭력반대법이 실시되는 상황에 대해 모니터링을 원하시면 '웨이핑为平', 영어로는 '이퀄리티' 홈페이지를 방문하시면 됩니다.

〈그림 4〉 가정폭력고발과 성평등을 위한 여성주의활동의 진지인 '평등'의 홈페이지

이곳은 베이징에 있는 가정폭력반대 조직으로, 펑위안^{冯媛}이 대표로 있습니다. 펑위안 씨는 중화전국부녀연합회^{약칭 '부련'}가 간행하는 『부녀연구논총』 잡지의 총편집자였습니다. 그 이후 웨이핑이라는 NGO에서 대표자를 맡은 후로, 주로 가정폭력 반대법의 시행 현황을 조사하고 매년 성과와 부족한 점에 대해서 조사와 발표를 해오고 있습니다. 중국의 가정폭력반대법의 시행령과 시행 강도를 살펴보면 여전히 부족하다는 것을 발견할 수 있는데, 그 점에 대해서는 전혀 이론의 여지가 없습니다.

그리고 가정폭력반대법이 시행되던 초기에 언론에서 많은 보도가 있었지만, 그 이후에는 더 이상 보도되지 않습니다. 이건 가정폭력이 사라졌다는 것이 아니라 이러한 문제에 대한 열정이 줄어들었다는 것을 의미합니다. 이러한 상황에서 코로나가 발생했고 가정폭력 문제는 더욱 심각해졌습니다. 그래서 웨이핑, 전국부련 모두 이 가정폭력 문제에 대해서 다시 한번 더 중시하게 됐습니다. 하지만 그 효과와 관련해서는 여전히 관찰이 필요합니다. 제가 보기에는, 우리가 가정폭력 문제의 심각성을 모두 인식을 하고 가정폭력이 공개적으로 논의할 수 있는 문제로까지 되었다고 말씀드릴 수 있을 것 같습니다.

석박사과정생들과 이야기를 하다 보면, 그들의 부모가 어느 정도의 가정폭력을 행사했다는 말을 듣게 됩니다. 하지만 이러한 문제들이 과거에는 사회적으로 공개되지 않았습니다. 왜냐하면 중국 사람들은 집안 문제를 밖으로 알려서는 안 된다는 생각을 가지고 있기 때문입니다. 그렇기 때문에 중국에서 가정폭력이 어느 정도인지 통계수치로 확인하기 어렵습니다. 하지만 제 학생들이 저와 함께 연구실에서 함께 가볍게 이야기를 나눌 때면 모두가 가정폭력에 노출된 적이 있다고 이야기를 했습니다. 중국에서 가정폭력이 일반적이라는 것을 알 수 있습니다. 또 다른 한편으로 사람들이 드디어 가정폭력을 공개적으로 논의할 수 있는 문제라고 인식하기 시작했다는 것을 알 수 있습니다. 가정폭력반대법이 시행됨으로써 가정폭력에 대한 논의가 더 이상 금기가 아니게 되었다는 점을 말해주고 있습니다.

코로나 상황에서 여성 의료진의 '월경'이 더 이상 금기어가 아니게 됐습니다. 여성이 월경을 하고 생리용품이 필요하다는 것을 사회 전체가 인식하게 된 것입니다. 과거에는 이를 공개적으로 얘기하기 어려웠지만 이제는 그렇지 않은 것이지요. 가정폭력 문제도 마찬가지입니다. 코로나 상황에서 더 많은 가정폭력이 드러나게 된 것은 물론 나쁜 일입니다. 하지만 다른 각도에서 보면, 이로 인해 가정폭력의 가시성이 더욱 강화되었다고 말할 수 있습니다. 이러한 문제가 수면 위에서 논의되어야만 제대로 조치를 취할 수 있습니다.

그렇기 때문에 지금 코로나 상황에서 가정폭력의 통계 수치가 정확하게 나오지 않았다고 해서 중국사회가 코로나 상황에서 가정폭력이 얼마나 심각한지 모른다라고 단순하게 해석하면 안 됩니다. 정확한 통계 수치는 없지만, 사람들이 가정폭력에 대해서 가지고 있는 인식의 정도가 더욱더 향상되었다는 점을 분명히 말씀드릴 수 있습니다.

또 이 그림을 봐주시기 바랍니다. 이 그림은 중국에서 아주 유명한 가수 탄웨이웨이譚维维라는 사람의 노래앨범입니다. 이 앨범에는 최근에 중국에서 발생한 아주 심각한 가정폭력 문제를 담은 가사가 실려 있습니다. 최근 중국에서는 한 남성이 주먹으로 아내를 때리고 황산을 뿌려 죽음에 이르게 한 사건이 발생했습니다. 탄웨이웨이는 이 사건을 소재로 『샤오쥐안小娟』이라는 노래를 만들었습니다. 이 노래는 작년 12월에 발표됐는데 클릭 수가 굉장히 높았습니다. 많은 사람이 이 노래를 듣고 많은 것을 느꼈다고 이야기했습니다.

탄웨이웨이의 『샤오쥐안』이 발표된 이후에 많은 사람들이 여기에 댓글을 달았는데, 어떤 사람은 '이 노래가 화합이라는 미명하에 금지곡이 되지 않을까'라는 우려를 나타냈습니다. 아내가 남편에 의해서 어떻게 죽임을 당했는지에 대해서 노래하고 있기 때문입니다. 많은 사람들이 이 노래를 듣고 난 이후에 '이렇게 심각한 문제가 있었구나'라고 깨닫는 동시에 이처럼 심각한 내용을 담고 있기 때문에 금지곡이 되지 않을까라고 우려를 했습니다. 그래서 어떤 댓글에서는 '이러한 노래가 금지곡이 될까를 걱정하는 현실 자체가 매우 슬프다'

〈그림 5〉 가정폭력을 노래한 탄웨이웨이의 노래 앨범

라고 하였습니다. 그런데 이 노래는 금지곡이 되지 않았습니다.

오히려 뜻밖에도 올해 춘졔완후이春节联欢晚会, 설 특집쇼에서 탄웨이웨이가 이 노래를 불렀습니다. 중국에서 춘졔완후이는 아주 중요합니다. 그래서 탄웨이웨이가 그 무대에 올라서 이 노래를 불렀다는 것은 아주 의미심장한 일이라 하겠습니다.

그리고 2020년 12월 29일에 자오웨이趙薇 — 그녀는 『황제의 딸』이라는 프로그램에서 샤오옌쯔小燕子로 나왔던 사람인데요 — 라는 중국의 아주 유명한 배우가 『그녀와 그녀의 방』이라는 노래를 발표했는데, 이 노래 역시 가정폭력 문제를 알리는 노래입니다. 이 곡에 대해서도 많은 사람들이 호평을 하고 있습니다.

지금까지 중국의 가정폭력반대법 시행과 코로나 이후 가정폭력 문제가 더욱더 심각해진 상황, 그리고 가정폭력을 문제화한 노래, 예술 작품 등을 통해서 사회적으로 가정폭력이 문제로 인식되게 되는 상황에 대해 말씀드렸습니다. 유명한 가수, 학자, 그리고 영화인들이 이러한 것을 소재로 해서 여러 가지 창작활동을 하고 있는데요, 이러한 현황을 종합해서 볼 때 가정폭력반대, 가정폭력 해소 문제는 중국에서 이미 많은 중시를 받고 있고 어느 정도 성과를 거두었다고 자평합니다. 적어도 미디어에 있어서는 그러합니다. 하지만 그렇다고 해서 중국에서 가정폭력 문제가 완전히 척결되었다고 말하기는 어렵습니다. 많은 가정폭력 문제가 여전히 은폐되고 공개적으로 논의되지 않고 있기 때문입니다. 관련된 쉼터, 그리고 경찰의 사법 집행력 등이 아주 부족합니다. 우리가 계속해서 노력해야 합니다.

○ 김미란

감사합니다. 최근에 한국 사회에서 '정인이 사건' 등 가정폭력 사건이 수면 위로 드러나고 있고, 2015년 이후에는 직장에서의 성희롱 미투 사건으로 성 문제가 드러나기 시작했습니다. 그 다음 으로 가정 내에서 부부간의 폭력 문제, 부모에 의한 아동폭력, 학 교폭력 문제 등이 공개가 되면서 특히 유명인의 경우는 현재 누리 던 지위를 잃어버리는 그런 상황이 연속적으로 확대가 되고 있습 니다. 그러니까 가정을 포함해서 어떤 영역이라도 성역없이 인권 이라는 개념으로 보게 된 것인데, 제가 볼 때 이런 문제를 해결하 기 위해서는 공권력의 개입이 필요합니다. 한국에서는 2021년 금 년에 최초로 경찰조직내에 여성과 청년에 대한 폭력 방지팀을 만 들었습니다. 3인조 강력팀을 만든 것인데 이 팀 운영이 결국은 돈 문제로 귀결되더라고요. 이 3인팀은 대한민국의 유일한 여성·청소 년 폭력 전담팀인데 여기에 전용 차량도 배치가 안 되어 있어서, 사건이 일어나도 즉각 출동을 할 수가 없고 결국 다른 부서에서 차량을 빌려 출동을 해야 하는 상황이라고 합니다. 약자에 대한 폭력예방과 방지는 결국 돈-예산의 문제이기 때문에 법제화를 통 해서 예산까지 논의되어야 하리라 생각합니다. 사회적 고발과 함 께 예산, 즉 젠더 예산 편성 단계로까지 나가야 할 것 같습니다.

그 다음 문제로 코로나 이후 실업 문제에 대해 여쭙고 싶습니 다. 자료에 따르면 코로나가 2019년 12월 30일에 발생한 뒤 중국의 2020년 1분기 경제성장률이 −6.8%이었습니다. 그리고 2020년 5월에 중국이 '코로나 방역에 성공했다, 회복했다'고 종식 선언을 하였고 현재는 경제성장률이 2%라고 들었습니다. 세계에서 유일한 사례입니다. 그런데 방역에는 성공했다고 하더라도 사실 현재 회복이 온전하게 되지는 않은 상태입니다. 이런 상황에서 가장 어려움을 겪는 집단이 실직한 사람들일 텐데요. 중국의 경우 2020년에 졸업한 대학생의 숫자가 820만 명이 넘고, 농민공의 수가 2억 명이 넘습니다. 이 두 집단이 일할 기회가, 일자리 자체가 없어졌다고 할 수 있겠는데요. 물론 여성은 비정규직이 절대적으로 많으니까 당연히 농민공 안에 포함이 됩니다. 이 비대면 상황, 봉쇄상황에서 취업해야 하는 학생들과 농민공들의 생활이 어떠했고, 회복 이후로 지금의 상황은 어떠한지 궁금합니다.

중국의 실직자 통계는 통계수치 간에 어마어마한 차이가 있어서 일자리 회복이 얼마나 됐는지, 원래의 자리로 돌아올 수 있는 것인지 우리로서는 짐작하기가 어려운데 설명을 해주셨으면 합니다. 그리고 이러한 실업상황에서 중국 정부가 '직원공유共享員工'라는 정책을 시행했다는 말을 들었습니다. 대학 졸업자들이나 정규직에서 떨어진 사람들을 플랫폼 노동자나 퀵서비스 같은 이런 비정규직에서 수용하는 방식일 것이라고 이해가 되는데, 이 정책을 보고 저는 너무나 깜짝 놀랐습니다. 이 정책이 대안이 될 수 있는지, 실제로 효과를 발휘했는지 궁금합니다.

○ 리잉타오

이 질문도 굉장히 좋습니다. 솔직히 말씀드리자면 국내 일자리 문제는 저의 전문 분야가 아니기 때문에 제가 아는 범위에서만 답변을 드리겠습니다.

중국에서 코로나가 발생한 이후에 많은 조업이 멈췄습니다. 농민공, 그리고 도시에 있는 비정규직 같은 경우에 굉장히 큰 타격을 받았습니다. 그런데 그 와중에 굉장히 확대되는 분야도 있었습니다. 바로 택배, 공유, 또는 인터넷 플랫폼, 예를 들면 메이퇀 택배 배달 플랫폼, JD택배, 순펑택배, 중통, 원통택배 등이 있습니다. 코로나 발생 이후 사람들의 생계를 위해, 특히 비대면의 상황에서 택배가 발달할 수밖에 없었습니다.

저학력 노동자들, 농민공, 그리고 취준생들까지 이런 택배업에 진출을 했습니다. 산업혁명이든 IT 혁명이든 또 디지털혁명이든 사회의 산업변화는 필연적입니다. 예를 들면 중공업이 쇠퇴하고 서비스업이 부상을 하고, 지금은 택배업이 또 성장을 하게 되었습니다. 코로나 기간 동안 아주 신속하게 성장하면서, 잉여 노동력을 빠른 속도로 흡수했습니다.

중국 택배업계에서 JD닷컴의 플랫폼이 굉장히 규모가 큽니다. JD닷컴은 JD닷컴에 소속되어있는 택배원을 통해서 택배를 합니다. 저도 택배를 많이 받기 때문에 대화를 나눈 적이 있는데요. 어느 날 택배원이 추워서 얼굴이 빨갛게 되어도 모자를 쓰지 않았더라구요. 모자를 왜 안 쓰냐고 물어봤더니 모자를 쓰면 휴대폰 소리가 잘 들리지 않아서 안 쓴다고 대답했습니다. 그래서 제가 "그러면 좀 늦게 와도 돼"라고 하니까 그렇게 하면 안 된다는 거예요. JD닷컴의 경우 물류량이 굉장히 많아서 아침부터, 다른 플랫폼 같은 경우에는 오후에 배달하는 경우도 있는데, 그곳은 꼭 오전에 배달을 옵니다. 그래서 힘들지 않냐고 이야기를 물었더니 열심히 한다면 정말 돈을 많이 벌 수 있다고 이야기를 하더군요. JD닷컴의 택배원은 한 달에 약 1만 위안(176만 원) 정도 수입을 올릴 수 있다고 합니다. 저학력 노동자 입장에서는 굉장히 높은 소득이라고 할 수 있죠. 그렇기 때문에 기꺼이 한다는 것입니다. 저희 집에 또 도우미가 오시는데요. 알고보니 그분의 남편이 실직을 한 후 택배 일을 하고 있다고 하더라구요. 한 산업이 쇠락하면 또 다른 그런 산업이 그 자리를 대체하게 됩니다.

그래서 코로나의 발생이 도전이 되기도 하고 기회가 되기도 한다고 말할 수 있습니다. 각각의 다른 집단에게 기회가 될 수도 있고 충격이 될 수도 있습니다. 다만 코로나가 한 산업의 발전을 촉진시켰다는 것은 분명합니다. 여성과 농민공 등이 일자리를 찾을 수 없을 때, 저 같은 도시 중산층 고학력자는 집에서 도우미를 고용할 수도 있고 파트타임을 고용할 수도 있습니다. 코로나가 막 발생했을 때는 그분들이 올 수가 없었지만, 어느 정도 완화가 되고는 그들이 다시 원래 자리로 돌아왔습니다. 그래서 큰 영향을 받을 때도 있습니다만 또 회복이 되기도 하고요. 물론 그 회복되는 정도는 조금씩 다릅니다.

대학 졸업생의 일자리 문제는 사실 제가 잘 모르는 분야입니다. 여학생들의 일자리는 사실 코로나 여부와 상관없이 굉장히 어렵습니다. 중국 여대생의 취업 문제는 분명 젠더 문제와도 관계가 있습니다. 택배업에서 택배원은 대부분 남성이고 여성들은 별로 없습니다. 코로나에 전염될 수도 있는 위험한 상황에서도, 또 굉장히 추운 상황에서도 남성들은 택배직을 택합니다. 여성들은 택배원을 선택하는 경우가 거의 없습니다. 직업 특성상 신속하게 배달해야 하고, 차량이나 오토바이나 자전거를 활용해야 하기 때문에 여성들에게는 적절하지가 않습니다. 이건 훈련의 문제입니다. 그래서 택배 산업이 발전하면서 남성에게는 더 많은 기회가 제공되었다고 말할 수 있습니다.

그러나 문제는 있습니다. 이 ppt의 휴대폰 부분을 한번 봐주십시오. 택배원들이 시스템의 플랫폼에 갇혀 있는 모습입니다. 플랫폼을 통해서 굉장히 많은 양의 일이 주어지는데, 또 스팸 전화가 굉장히 많아서 고객이 전화를 받지 않은 경우가 있습니다. 그런데 전화를 받지 않으면 배달이 이루어질 수가 없지요. 그래서 어떻게 보면 곤경에 처해 있다고 할 수 있고 한국처럼 중국의 택배원들도 굉장히 힘이 듭니다.

하지만 최근 택배원에 대한 공익광고도 생겨났습니다. '그들에

〈그림 6〉 택배노동자가 핸드폰에 갇혀 "저는 장난전화를 거는 게 아니예요! 살려주세요, 전화를 끊지 마세요!"라고 절규하는 공익광고

게 조금 더 관용을 베풀라'는 내용의 공익광고도 나왔습니다. 그들의 상황, 그들의 복지, 그들의 사회보장에는 여전히 많은 문제가 있고 개선할 필요가 있습니다. 그들의 어려움에 대해서 그들의 목소리를 들을 필요가 있습니다. 하지만 이것은 저의 전문 분야가 아니기 때문에 이 정도로 답변드릴 수밖에 없을 것 같습니다. 감사합니다.

○ 김미란

시간이 얼마 남지 않았기 때문에 미디어 재현의 문제, 그에 대한 대응의 문제, 그리고 생태 문제에 대해서 질문을 드리겠습니다.

이번 중국의 코로나 상황에서 미디어 재현을 보면 놀랍게도 모든 게 전쟁 이미지로 되어 있습니다. '전쟁에 승리한다', '○○전투' 이런 식으로 모든 게 이원 대립적으로 표현되어 있어요. 심지어 '열이 나는데 신고하지 않는 사람은 계급의 적이다'라는 표어까지 벽에 붙어 있는 것을 보았습니다. 마을을 봉쇄하면서 아예 못 들어오게 막기도 하고.

그런데 이렇게 이원대립적인 표현은 방역이 상대를 배려하기 위해서, 혹은 나를 위해서 하는 것이 아니라, 오히려 어떻게 보면 전투 스타일로, 그러니까 '적을 죽이기 위해 하는 것'으로 보이게 하기도 합니다. 예를 들면, 제가 어떤 동영상에서 중국에서 도시 봉쇄를 했을 때 관리자가 아파트 입구에서 드나드는 거주민을 심문하는 과정에서 비밀번호를 묻는 장면을 보았는데요, 이 장면에서 암호를 주고 받는 과정이 흥미로웠습니다. "여기 사시요? 누구요?"라고 물었더니 "여기 주민인데요"라고 답했고 다시 방역관리자는 "오늘의 암호를 말하라"고 요구했어요. 심문방식은 암호처럼 앞 구절을 말하면 뒤 뒷 구절을 대답하는 것이었는데, 관리자가 '유붕이 자원방래면?'이라고 묻자 주민은 '필주지必誅之, 반드시 죽인다'로 답을 했습니다. 암호의 원 출처인 『논어』에는 "유붕자원방래, 불역낙호有朋自遠方來 不亦樂乎?(벗이 먼 곳으로부터 오면 기쁘지 아니한가?)"라고 되어있는데, 뒷 부분을 '반드시 죽인다'로 바꾸어 주민에게 암호 대답을 하게끔 한 것입니다. '반드시 죽인다'는 이 뒤 구절은 2020년 무렵 중국 역대 흥행 1위 블록버스터 영화 〈잔랑戰狼, 늑대전사〉에 나오는 대사입니다. 영화에서 주인공은 '중화를 침범하는 자는 아무리 멀리 있다 할지라도 가서 반드시 죽인다'는 대사를 말합니다. 그래서 저는 비록 암호이지만 나와 적의 구분 과정이 섬뜩하게 느껴졌습니다.

어떻게 보면 코로나 방역이 이런 '전투적'인 방식과 수사로 진행되기 때문에, 간호사를 영웅화하기도 하고 이와 달리 코로나의 실태를 전하는 팡팡의 『우한일기方方日記』같은 출판물에 대해서는 매국노라고 욕하기도 하고, 우한의 실상을 알린 시민기자는 4년의 실형을 받기도 한 게 아닌가 생각됩니다. 그런데 이런 상황은 한국 사회에서는 있을 수 없는 일로 생각됩니다. 그래서 이 상황을 이해하기가 어려운데요, 코로나 시기 젠더와 미디어 재현, 그리고 뉴스 보도에 대하여 설명을 듣고 싶습니다.

○ 리잉타오

정말 좋은 질문이십니다. 중국의 언론, 영화의 재현엔 분명히 매스큘리니티Masculinity의 문제가 있습니다. 남성의 특질을 정형화해서 보여주는데, 이런 문제는 매우 심각합니다. 우리는 이것을 인정할 수밖에 없지만, 모든 사람들이 이런 심각성을 자각하는 것은 아닙니다. 특히 이번 코로나 방역을 '전역戰役'이란 용어로 표현하고 있는데요, 이런 전쟁 언어의 사용은 바로 남성의 영웅적인 특징들을 보여주는 것입니다. 만약에 전체 중국 담론을 본다면 특히 중국의 정치 담론과 일상 담론에서 사실 광범위하게 젠더적 특성이 드러나고 있습니다. 이러한 젠더 특징 가운데 남성적인 특징이 매우 농후합니다. 비록 중국 문화속에 온유하고 여성적인 면이 있다고 하더라도 우리 일상생활을 들여다 보면 남성적인 특징이 매우 강합니다. 중국의 근대 시기, 즉 1840년 중국이 서방의 식민지로 전락한 이후 서방의 침략에 대항해서 1949년에 독립 국가를 이루는 과정까지, 여성주의적 관점에서 보면 중국은 '유린당한 여성'에서 '서양식의 남성'으로 변모해갔다고 할 수 있습니다. 그 과정에서 남성적인 언어가 우리의 전체 일상의 담론 체계, 언어 체계로 들어왔고 아주 높은 위상을 차지하게 되었습니다. 남성의 자주적인 모습, 강한 이미지를 매우 좋다고 평가하고 여성의 부드럽고 약한 면은 나쁘다고 인식하는 것입니다. 남성적인 특징과 그에 관련된 행위에 대해서 더욱더 높은 가치를 부여할 때, 해당 사회는 문제가 있는 것입니다. 예를 들면 남성적인 특징을 추종하게 되는 것을 들 수 있겠습니다. 남성적 특징을 추종하는 것은 산업 혁명 이후 유럽과 미국의 주권 국가들의 특성에서 배워온 것입니다. 한국이든 중국이든 마찬가지입니다. 우리 모두는 서양의 매스큘리니티, 즉 남성적인 특징을 많이 배워왔습니다.

중국은 서양의 침략에 맞서 자주, 자강의 길을 걷는 과정에서 서양 문화속의 남성적 특징들을 배웠고 또한 그것은 중국 사회에 있던 기존 가치들과 서로 결합했습니다. 물론 이 남성성이 완전히 서양적인 것에만 있는 것은 아닙니다. 원래 중국 내에 있던 남성적인 특징과 접목되면서 지금의 전형적인 남성적인 특징들을 보여주게 된 것이지요. 즉 남성적인 것이 서양처럼 강한 것, 강한 이미지를 대변하게 된 것입니다.

실베스타 스탤론 주연의 〈퍼스트 블러드〉(람보 시리즈 1편)라는 영화가 있었습니다. 중국에서는 〈퍼스트 블러드〉가 방영되고, 개혁개방 30년이 흐른 시점에서 중국이 드디어 서양에 맞설 수 있게 되었다고 이야기하면서 〈잔랑戰狼, 늑대전사〉이라는 영화가 나왔습니다. 물론 중국 내부에도 여러 가지 이견이 있습니다. 중국의 많은 사람이 모두 〈잔랑〉에서와 같은 생각을 가지고 있는 것은 아닙니다. 하지만 미국처럼 되고자 하는 사람들이 분명히 있고, 그리고 중국이 이미 〈잔랑〉이 되었다고 생각하는 경우도 있습니다. 물론 '잔랑 외교', 즉 중국의 '잔랑식 외교(공격적, 강성 외교)'에 대해 반대하는 목소리도 있습니다. 하지만 〈잔랑〉 같은 영화에 표현된 중국적인 정서를 통해서—중국의 외교를 어떻게 위치짓든 상관없이—민족주의적인 정서, 남성적 특징들이 더욱더 확산되고 있는 것이 현실입니다.

또 영화 〈영웅〉을 보시면, 이 영화는 항일전쟁 시기를 배경으로 하고 있는데, 이 〈영웅〉에 나오는 주인공들은 어떤 상황에서도 죽지 않습니다. 마치 전설적인 영웅과도 같습니다. 이러한 재현에는 서양처럼 강해져야 서양으로부터 침략받지 않고 제국주의 국가로부터 침략 받지 않는다는 인식이 깔려 있습니다. 즉 우리가 하나의 주권국가로서 이제는 서양과 대적할 정도가 되었다고 생각하게 되었다는 것입니다. 여기에는 매우 복잡한 정서가 내재되어 있습니다.

그런데 전쟁의 언어, 남성성의 언어를 사용할 때 그 안에는 젠더적인 의미가 내포되어 있습니다. 2020년에 〈가장 아름다운 역행자最美麗的逆行者〉라는 드라마가 방영되었습니다. 더우반(중국의 인터넷 포털)에서의 평가 점수를 보면 10점 만점에 2.4점밖에 되지 않습니다.〈가장 아름다운 역행자〉에 대한 시청자의 평가가 매우 낮다는 것을 알 수 있는데 그 원인이 무엇일까요? 아주 중요한 원인인데 이 드라마에 젠더적인 특징, 'Gender awareness젠더적자각'가 결여되어 있었기 때문입니다. 이 드라마는 여성을 아주 이상하게 묘사했습니다. 여성을 아주 낮은 지위로 보여주고 있는 것이지요.

제가 오늘 오전 내내 이 드라마를 보고 또 관련 평가를 해봤는데 이 드라마는 젠더 평등이라는 의식이 부족합니다. 중국 국내 학자들, 중국 국내 시청자들이 특히 이 드라마에 대해서 '0점'에 가까운 매우 낮은 점수를 주었다는 것은 중국사회가 젠더 의식을 가지게 됐다는 것을 의미합니다. 일반 시청자들이 드라마가 좋다, 나쁘다고 그냥 재미있다, 재미없다는 것만 평가하는 것뿐만 아니라 젠더 의식을 가지고 보기 시작했다는 것을 알 수 있습니다.

이처럼 중국 국내에서 가정폭력 문제에 대해서도 인식을 하기 시작했습니다. 그렇기 때문에 코로나 상황에서 가시화되는 남성성, 그리고 〈잔랑〉이 보여주는 민족주의적 정서들이 분명히 존재하지만, 동시에 다양성, 젠더 의식에 대한 민감성, 가정폭력에 대한 인식 또한 향상되고 있습니다. 그리고 인터넷 플랫폼에서 다양한 목소리가 나오고 있는데, 여기에는 또 다른 다양성이 있습니다.

이번 춘제 연휴 기간에 아주 유명했던 영화 〈안녕, 리환잉你好, 李煥英, 영문제목은 Hi, Mom〉은 엄마가 엄마 역할로서 뿐만 아니라 엄마 본인으로서 가치를 지녀야 한다는 것을 보여주고 있습니다. 영화 〈안녕, 리환잉〉의 박스오피스는 역대 4위입니다. 지금까지 역대 박스오피스 1위는 〈잔랑〉, 2위는 〈나타지마동강세哪咤之魔童降世, '악동 나타가 세상에 내려오다', 애니메이션〉, 3위는 〈유랑지구流浪地球, '떠도는 지구', SF영화〉이고 〈안녕, 리환잉〉이 4위입니다. 〈안녕, 리환잉〉은 중국 역대 박스오피스 4위이고, 앞으로 전 세계 여성 감독 작품 중 최고의 박스오피스를 기록할 것으로 전망됩니다. 〈잔랑〉에 대해서 높은 평가를 하는 것뿐만 아니라 〈안녕, 리환잉〉처럼 엄마를 소재로 한, 여성이 여성 자체로 가치를 가져야 한다는 주제를 가진 영화 또한 큰 인기를 끌고 있을 정도로 중국 여론이 다양화되었음을 알 수 있습니다. 대중들의 다양성이 더욱더 강화되고 있고, 사람들의 의식에 커다란 변화가 일어나고 있다고 하겠습니다.

이제 팡팡의 『우한일기方方日記』로 돌아가 보겠습니다. 저 개인적으로 작가 팡팡方方을 아주 좋아하고 존경하고, 얼마 전까지 팡팡의 『우한일기』를 보면서 잠들기도 했습니다. 제 개인적인 감상은 잠시 접어두고 팡팡의 『우한일기』에 대한 중국 내의 여론을 말씀드리고 싶습니다. 팡팡의 『우한일기』에 대한 국내 여론은 주로 '중국의 고통을 가지고 돈을 벌어서는 안 된다', 특히 '영어권에 출판해서 돈을 벌어서는 안 된다'라는 의견으로 모아집니다. 물론 저는 그런 의견에 동의하지 않습니다. 저는 팡팡의 선택을 동의하고 지지합니다. 그긴 작가가 선택해야 할 몫이라고 생각하기 때문이지요.

그런데 제가 안타깝게 여기는 것은 중국에는 팡팡에 대해 '영어, 그리고 독일어로 번역하는 것은 역시 잘못된 것'이며 '(자신이 아닌) 다른 사람의 이야기를 소재로 삼으면 안 된다'고 생각하는 사람이 많다는 사실입니다. 스스로 비판적 의식을 가지고 있다고 자부하는 사람들도 예외가 아닙니다. 젠더 의식을 가지고 있는 학생들 중에도 팡팡이 영문본을 발간한 것을 좋아하지 않는 사람이 많습니다. 특히 팡팡이 중국을 비판하는 책을 영문판으로 출판한 점을 비판하는 목소리가 높습니다. 왜냐하면 현재 코로나 상황이 미국이 더 열악하다는 것을 다들 알고 있는데, 중국의 부정적인 면을 굳이 영어로 번역해 미국에서 출판하는 것을 지지하지 않기 때문이지요.

그런데 저는 팡팡이 작가로서 우한의 코로나 상황을 다루었기 때문에 그녀를 아주 지지합니다. 료타르는 사진은 거짓말을 할 수 있을지 모르지만 예술은 거짓말을 하지 않는다고 이야기했습니다. 팡팡은 역사를 기록하는 사관으로서가 아니라, 작가로서 자기가 본 것, 들은 것으로 작품을 쓰는 것입니다. 그렇기 때문에 저는 지지합니다. 저는 팡팡이 매국노라고 생각하지 않습니다. 일부 사람들은 그녀를 매국노라고 생각하는데, 저는 그런 인식 자체를 매우 안타깝게 생각합니다. 감사합니다.

○ 김미란

　감사합니다. 솔직하고 아주 구체적인 이야기를 많이 해주셔서 이해에 큰 도움이 됐습니다. 〈잔랑〉의 극장 수익이 9조가 됐다지요? 어마어마한 금액입니다. 〈잔랑〉을 번역하면 늑대 전사인데, 늑대가 원래 무리 지어 전투를 하는 데에 엄청난 재능이 있는 동물이지요. 현재 중국 미디어에 민족주의뿐만 아니라 다양한 흐름이 있으며 일반 사람들 사이에 젠더 의식이 생겨나고 있다는 말씀 잘 들었습니다.

　마지막 질문을 드리겠습니다. 재난 이후 이 사회가 어떻게 될 것인지 생각을 해봐야 할 텐데요. 작년에 중국에서 가장 큰 공포는 아마 산샤三峽댐 붕괴가 아니었을까라는 생각이 듭니다. 코로나 시국에 댐 하나가 무너지는 게 뭐 대수냐라고 혹시 생각할 수도 있겠지만, 중국에서 난징, 상하이, 충칭을 연결하는 산샤댐이 무너지면 중국 경제의 40%가 날아가고, 산샤댐 주변에 주둔하고 있는 45%의 중국 공군이 위협을 받게 될 것이고, 중국 다음으로 대한민국의 경제가 큰 타격을 입을 것입니다. 현대자동차 공장, SK, 아모레퍼시픽 등 국내 대기업의 공장들이 모두 양자강 일대에 포진해 있기 때문이지요. 물론 한국에서도 산샤댐의 범람에 대한 우려가 있었습니다. 다행히 수위가 11m를 남기고 범람을 하지 않았지요. 코로나도 그렇고 홍수도 그렇고, 결국 자연 훼손이 근본 원인입니다. 동물들이 서식할 곳이 없어지면서 인간에게 가까이 오

고 동물에 서식하던 바이러스가 인간에게까지 옮겨 온 것이 주기
적으로 발생하는 전염병의 원인이니까요.

최근에 중국이 환경 문제에 굉장히 많은 관심을 갖기 시작했다
고 생각이 됩니다. 왜냐하면 도쿄의정서가 발표된 1997년에 중국
은 '선진국이 아니기 때문에 환경오염에 책임이 없다'고 했다가
2015년부터 적극적으로 탄소 줄이는 데 동참을 해서 2060년에는
'탄소 제로' 국가를 만들겠다고 구체적인 로드맵을 내놓았기 때문
입니다. 탄소 제로에 대해서 EU와 중국은 구체적인 로드맵을 내
놓았고, 일본이나 미국은 언젠가 하겠다는 선언만 한 상태입니다.
중국의 환경은 한국 사람들의 생활에 큰 영향을 미칩니다. 그래서
중국의 환경 보호가 실제로 어떻게 진전되고 있으며 실현 가능한
것인지, 미세먼지를 포함해서 중국이 어떻게 환경보호를 하는지
알고 싶습니다.

환경과 관련해서 올 해 제정된 '야생동물방지법'이 흥미로왔습
니다. 대략 추산해도 중국에 야생동물로 생계를 유지하는 사람이
대략 1,400만 명, 여기에서 거래되는 금액이 9조 원이라고 합니
다. 이런 상황에서 이번에 통과된 야생동물방지법을 적용해 '야생
동물금지'를 시행하게 되면 굶어 죽는 사람이 1,400만 명이 나오
게 된다는 얘긴데요, 환경보호와 경제 두 마리 토끼를 잡는 것이
과연 가능할지 궁금합니다. 선생님께서 주신 글을 보면 '2030년
지속가능한 발전'이라는 표현이 두세 군데 나오는데, 그것의 구체

적인 내용이 무엇인지 궁금합니다. 중국이 탄소제로 사회로 가기 위해 어떤 노력을 하고 있는지, 그것이 실현가능성이 있는지에 대해 설명을 부탁드립니다.

○ 리잉타오

제로 배출과 관련해서 굉장히 좋은 질문을 해주셨습니다. 현재 중국에서 가장 주목받는 환경 이슈는 바로 시진핑이 9월 22일 UN 총회에서 발표한 '2030년까지 이산화탄소 배출 정점 도달, 이후 2060년도 탄소 중립 실현'입니다. 제로 배출이 아니라 탄소중립이 더 정확할 것 같습니다.

저는 환경문제 전문가는 아니지만, 젠더를 환경 문제와 연계해서 보고 있습니다. 중국에서 굉장히 유명한 기후 문제 전문가인 천링 교수가 제 친구이기도 합니다. 천링 교수는 UN의 여러 관련 문건의 작성에도 참여를 했고 천링의 『탄소 정점 탄소 중립 100문』이라는 책이 곧 출간된다고 합니다. 그래서 제가 천링에게 여기에 '젠더'가 포함되지 않는지, 여성이 탄소 정점 탄소 중립에 있어서 역할을 하지 않는지 질문을 했는데 없다고 하더군요. 그래서 제가 젠더 항목의 추가를 권유했습니다. 어쨌든 이 대화를 하면서 중국이 이 목표를 실현할 수 있을까에 대한 이야기도 나눴는데, 천링의 대답은 '반드시 실현해야 된다'였습니다.

제가 정확하게 답변드릴 수 있을지 모르겠습니다만, 한 가지 분명한 것은 '탄소 정점 탄소 중립'의 문제에 대해 중국 지도자들의 정치적인 의지가 매우 강하다는 것입니다. 어떻게 보면 과학자, 전문가들보다 의지가 더 강합니다. 중국 지도자들은 2030년도에 반드시 이산화탄소 배출 정점을 이루고 나서 2060년도에는 탄소 중립을 실현하겠다고 이야기하였습니다. 정치적인 의지는 이러한데, 국가적으로 이러한 의지를 어떻게 실현할 것이냐라는 문제가 남아 있습니다.

물론 실현 가능성에 대해서도 질문을 해야 하는데, 아까 말씀드린 천링 전문가 같은 경우는 실현가능 하다고 이야기합니다. 지금부터 2060년까지 대략 40년이 남았는데 이 남아있는 40년 동안 지구상에서 어떤 일이 발생할지, 또 코로나 같은 새로운 전염병이 발생할지는 예측할 수 없습니다. 2060년까지 탄소 중립을 실현하고자 하고 현재의 상황에서는 실현할 수 있다고 생각되지만 미래에 어떤 일이 발생할지에 대해서는 알 수가 없으니 최선을 다할 뿐입니다.

물론 중국이 2060년도 탄소 중립을 이루기 위해서는 굉장히 많은 어려움이 있을 것입니다. 유럽 같은 경우에는 이미 정점에 도달해서 지금은 줄어들고 있습니다. 중국은 아직 증가하고 있는 추세이고, 2030년에 정점에 도달할거라고 예측하고 있습니다. 그렇기 때문에 유럽보다 예측불가능한 어려움이 훨씬 많을 것입니다. 그렇기 때문에 탄소 중립 실현에는 의지가 필요합니다. 실현이 불가능하다고 하더라도 최선을 다할 것입니다.

이 일에는 국내외 여러 가지 요소가 관련이 되어 있습니다. 캉 샤오康曉 선생님의 「이익 인식과 국제 규범의 국내화利益认知与国际规范的国内化」라는 글을 공유해드리고 싶습니다. 이 글은 중국 기후 연구에 있어서 굉장히 권위있는 글입니다. 과거에 중국은 '개발도상국'이라고 자처하면서 많은 약속을 싫어 하지 않았습니다. 하지만 최근 들어 아주 적극적으로 많은 약속을 하고 있습니다. 이익에 대한 인식에 있어서 중국 내에서 많은 변화가 있었기 때문입니다. 과거에 약속을 하지 않은 것은 중국의 국익에 부합했기 때문이고, 또 경제가 발전하고 새로운 단계에 접어든 현 단계에서는 우리가 환경보호 조치를 취해야만, 청정에너지를 사용해야만 중국 경제의 지속가능성을 담보할 수 있다는 인식을 가지게 된 것입니다. 즉 중국의 '이익에 대한 인식'이 달라진 것입니다. 이처럼 환경 보호가 중국의 국익에 부합된다고 판단을 하고 있기 때문에, 국제규범을 내재화하는 것입니다. 국제규범을 국내 정책에 도입하면서 굉장히 많이 노력을 하고 있습니다.

젠더 이슈도 마찬가지입니다. 젠더 문제가 굉장히 중요하다고 인식을 하게 될 때 적극적으로 움직이게 됩니다. 환경 보호가 중국에 굉장히 도움이 되고 또 경제와 필연적으로 연결이 되어 있다는 것, 그래서 환경을 희생시키고 경쟁우위를 확보하는 것이 불가능하다는 인식을 가지게 되었기 때문에 경제와 환경 사이에서 중국이 환경에 더 집중하게 된 것입니다. 그래서 '푸른 산 맑은 물靑山綠水'라는 비전이 나왔습니다. 중국경제가 어느 정도 발전을 했기 때문에 2020년에 완전한 빈곤탈출을 통해 극빈층 문제는 다 해결을 했습니다. 현재 중국은 빈곤 문제를 기본적으로 해결했기 때문에 이제는 환경 문제를 가장 중요한 이슈로 보고 있습니다. 이익에 대한 인식이 바뀌었기 때문에 환경이 중요하게 된 것입니다. 캉샤오의 이 글은 굉장히 중요합니다.

그래서 질문에 답을 드리자면 경제와 환경의 균형 문제라고 할 수 있겠습니다. 또 정치적인 의지와 과학적인 인지와 인식이 달라졌습니다. 구체적으로 어떻게 실현할 것이냐에 대해서는 제도적인 혁신과 기술의 업그레이드가 계속 필요할 것입니다.

제가 가장 관심을 가지는 것은 사회 공정성 문제입니다. 환경 문제 해결에 있어서의 공정과 공평 문제가 중요하다고 생각합니다. 한 가지 예를 들겠습니다. 중국이 청정 에너지를 사용하고 석탄을 쓰지 않으면서 허베이성의 한 초등학교에서 석탄 난로를 없앴는데 난로를 없애니까 학생들이 굉장히 춥게 지내게 됐습니다. 그래서 중국 사회에서 이 문제를 인식하면서 '한 번에 석탄을 없애면 안 되겠다. 초등학생들이 얼어 죽겠다'는 생각을 하게 됐습니다. 제가 보기에, 탄소 중립의 과정에서도, 환경 정책을 실시하는 과정에서도, 또 여러 가지 기술을 도입할 때도 취약계층과 소수자들이 경제와 환경의 균형을 잘 누릴 수 있도록 하는 것이 중요합니다. 이때 사람을 중심으로 생각해야 합니다. 물론 환경 문제에 있어서 중국 정부의 정치적 의지가 굉장히 강하지만 추진하는 과정에서 사람을 중심으로 할 수 있는지, 특히 소수자들의 그런 목소리에 귀를 기울일 수 있는지에 대해서는 의문이 듭니다.

○ 김미란

감사합니다. 그런데 제가 보기에, 현재 중국의 환경보호 문제가 굉장히 어려운 문제이지만, 탄소 중립이 만능이 아닐 수 있겠다는 생각이 듭니다. 석탄을 태양광이나 풍력으로 대체하는 것이 굉장히 북반구적인, 잘 사는 나라 위주의 솔루션일 수 있겠다는 생각이 들기 때문인데요. 예를 들어 네이멍구 같은 경우에는 풍력 터번이 돌면서 구름이 모이는 것을 막아 네이멍구에 적시에 내려야 될 비가 안 내려서 그곳에 살고 있는 유목민들에게 엄청난 경제적인 손해를 입혔다는 이야기를 들었습니다. 저는 이 사례가 탄소 중립, 대체에너지 정책이 유일한 표준이 될 수 없다는 입장에 설득력 있는 증거가 되리라고 생각합니다. 왜냐하면 땅과 공기를 제공하는 것은 남반구 사람, 소위 가난한 사람들일 경우가 많기 때문입니다.

그리고 실은 개인적으로 중국 에너지 정책의 실현과 그 공정성에 대해서 강한 의구심을 가지고 있습니다. 2016년 베이징에서 중국 건국 70주년 행사가 진행되었었는데 당시 한국의 박근혜 전

대통령이 천안문 광장에서 사열을 했습니다. 제가 그때 뉴스 보도를 보면서 베이징 하늘이 오염 하나 없이 너무나 맑아서 놀랐었습니다. 제가 그때 베이징에서 1시간 거리에 있는 랑팡시에 머물고 있었는데, 사진에서 보는 베이징의 공기는 저렇게 청명한데 베이징으로부터 단지 1시간 거리에 있는 랑팡시는 숨을 쉴 수 없을 정도로 공기가 탁했습니다. 그때 어떻게 이럴 수 있냐고 주민에게 물었더니, '정부에서 공장을 못 돌리게 해서 낮에 안 돌리고 밤에 돌린다'고 하더군요. 위로부터 밀어붙이기가 현장에서 어떤 부작용을 일으키는지 실감한 계기였습니다.

그리고 베이징 근교의 수도공항 근처의 공단인 피춘皮村을 제가 2016년, 2017년, 2018년 3년 연속 방문을 했습니다. 그 무렵이 '블루스카이 프로젝트', 즉 '북경 파란하늘 계획北京藍天計劃'이 진행되던 시점이었는데, 연말에 갔을 때 공단과 주거지에 다 철거 딱지가 붙어 있는 것을 보았습니다. 불량주택이어서 전기누전 화재의 위험이 있다는 이유로 그곳에 사는 사람들을 모두 강제 이주시켜 버린 거였습니다. 이런 식으로 쫓아버리기는 하는데 그 다음 대책은 하나도 없더란 말이죠. 그러니까 정부의 의지라는 게 결국은 돈을 쓰면서 추진해야 하는데, 의지와 선언이라는 게 현실 속에서 일방적으로 희생 강요로 나타나고 있다는 인상을 받았습니다. 선생님의 의견은 어떤지 듣고 싶습니다.

○리잉타오

지금 말씀하신 사례들 저도 모두 잘 알고 있습니다. 단기적인 어떤 회의, 큰 행사가 있을 때 '아시안 게임 하늘', '무슨 중요한 행사 하늘' 그럴 때는 조업을 중단해서 그날의 효과, 그날의 하늘의 효과를 노리는 정책을 많이 취했습니다. 굉장히 단기적인 조치를 통해서 개선을 하는 것이죠. 중국 사람들은 체면을 중요하게 생각하기 때문에, 이것을 '체면 공사'라고 이야기합니다. 체면으로 볼 때는 괜찮지만, 실질적으로 개선되는 것은 아닙니다. 중국 국민의 입장에서는 체면도 중요하지만, 근본적이고 실질적인 개선이 더욱 중요하다고 생각합니다.

정부 입장에서는 체면도 중요할 수도 있겠지만, 실질적인 개선, 제도 혁신, 연료 문제 개선, 신에너지 도입 등 통해서 환경 보호, 탄소 저감, ESS 등을 위한 기술적인 혁신이 필요할 것입니다. 기술혁신과 함께 제도 혁신도 매우 중요합니다. 혁신은 진정한 혁신이 되어야 합니다. 태양에너지와 풍력에너지가 탄소를 발생시키지 않지만, 패널을 사용하고 나면 또 새로운 쓰레기가 됩니다. 팬이 수명을 다 하면 또 다른 오염물이 됩니다. 이에 대한 연구가 아직 많이 부족합니다. 재생 에너지도 마찬가지입니다. 예를 들어 옥수숫대로 알코올을 만드는 기술을 개발하고 있지만, 그 제조과정에 옥수수 심는 것보다 더 많은 에너지가 필요할 수 있다고 합니다. 그래서 신에너지가 오염을 유발시키지 않는 진정한 재생에너지인지에 대한 확인도 필요합니다. 물론 인류가 새로운 기술을 개발하는 과정에서 한 번에 완벽한 기술을 개발하기가 어렵고, 그렇기 때문에 실수도 용인해야 하지만, 목적이 무엇인지를 명확히 할 필요가 있습니다.

단기적인 체면만 추구한다면 문제가 됩니다. 사회발전, 국민 생활과 삶의 질의 개선, 환경의 진정한 개선을 목표로 할 필요가 있습니다. 그래서 중국 각계를 보면 인식이 많이 바뀌고 있습니다. 시진핑의 최근 연설문을 보면 '푸른 산 맑은 물靑山绿水'을 계속 강조하고 있고, 환경보호의 전환, 생태 환경보호에 대해서 계속 언급하고 있습니다. 이는 중국 정부가 그만큼 이 문제에 관심을 가지고 있다는 증거입니다. 이 말이 물론 단기적인 체면을 중요하게 생각하지 않는다는 것은 아닙니다.

장기적으로 볼 때, 중국 정부는 이런 문제를 개선하기 위해 실질적인 조치와 기술 업그레이드를 계속 추구하고 있습니다. 잘못된 부분도 있을 수 있고 실수도 있을 수 있지만, 그 과정에서 계속 개선해 나가면서 진정으로 국민에게 도움이 되는, 지구에 도움이 되는 그런 기술들을 개발해 나갈 것입니다. 물론 많은 도전이 있을 것입니다. 전문가들도 계속해서 모색을 하고 있지만, 아직까지 확실한 답은 없습니다. 하지만 점점 좋아지지 않을까 생각합니다.

○ 김미란

감사합니다.

○ 이기웅

시간을 거의 정확하게 맞춰주셨습니다. 지금까지 2시간 동안 리잉타오 선생님 발표와 김미란 선생님-리잉타오 선생님의 대담을 아주 흥미롭게 경청했습니다. 이제 10분간 휴식 시간을 갖고 5시 10분에 다시 뵙겠습니다.

(17시 00분～17시 10분 휴식시간)

○ 이기웅

이제 시간이 돼서 다시 2부 순서로 넘어가도록 하겠습니다. 2부 순서는 먼저 윤영도 선생님께서 질의를 해주실 것이고요. 그리고 그게 끝나고 나면 시간이 허락한다면 여기 들어와 계신 패널 선생님들, 또 관람객들의 질문을 받아서 리잉타오 선생님의 대답을 듣는 Q&A 시간을 끝으로 갖도록 하겠습니다. 그러면 먼저 연구소 윤영도 선생님의 질문을 듣도록 하겠습니다.

○ 윤영도(토론)

오늘 두 분 선생님 대담 정말 재미있게 잘 들었습니다. 유익한 내용들이 많았는데, 저 외에 다른 분들께서도 질문이 있으실 것 같아서 간단하게 몇 가지 제가 궁금한 것만 질문드리겠습니다.

먼저 일단은 지금도 저희가 줌으로 회의를 진행하고 있습니다만, 이 줌이라는 것도 사실 기존에 없었던 낯선 문화이기도 하고, 요새는 이런 온라인 비대면 문화가 굉장히 활성화되고 있는 것 같습니다. 줌도 그렇고, 유튜브라든지 넷플릭스 같은 그런 동영상 미디어視頻도 굉장히 활성화되고 있고, 그게 코로나로 인해서 비대면 문화로 인해서 더 활성화되고 있는데, 이런 것들이 중국에서는 코로나 이후로 상황이 어떻게 전개되고 있는지가 궁금합니다. 제 아이만 해도 아직 초등학생인데도 줌으로 수업하고 있고 그런 나라들이 꽤 있는데 중국은 우리와는 상황이 다를 것 같습니다. 대면 활동을 계속 해왔던 국가이기도 해서 그런 부분이 어떻게 차이가 있는지, 아니면 그럼에도 불구하고 이동이 통제되고 있기 때문에 줌과 같은 비대면 플랫폼들이 활성화돼 있거나 유쿠 같은 동영상 미디어들이 발전하고 있다든지, 그런 것들을 소비하는 시간이 더 늘어난다든지 해서 일상의 감각들, 일상의 그런 미디어 소비에 대한 전반적인 일상의 변화들이 어떻게 중국에서는 일어나고 있는지 궁금합니다. 그리고 그런 것들에 대해서 혹시 또 선생님은 대학 내에 계시니까 대학 내에 그런 비대면 수업 같은 것이라든지, 또 이런 것들이 한국과 다른 차이들이 있는지도 궁금합니다.

그것과 관련해서 줌이라는 회사 자체도 중국인이 만든 회사이기도 하고, 틱톡을 더우인이라고 하는데 그런 틱톡 같은 것이라든지, 핀테크, 알리페이 등, 중국에서 디지털 사회로의 변화가 빠른 것으로 알고 있습니다. 디지털 사회로의 변화가 가지고 있는 긍정적인 측면 이면에는 감시사회라고 하는 부정적인 측면도 사실 무시하기 힘들 것 같습니다. 그래서 한국 사회에서도 코로나 초기에 방역 당국에서 그런 디지털 정보들, 개인 정보들을 추적하는 것에 대해서 문제가 제기된 바도 있었고 그런 것들에 대해서 논쟁이 있었습니다. 동아시아에서 그런 것들이 이루어지는 게 서구에서와 같은 개인주의, 자유주의를, 즉 개인의 인권 문제를 등한시하기 때문이라는 비판을 받았던 사실도 있습니다. 그래서 저의 질문은 중국인들은 알리페이를 사용하는 개인 정보들을 국가가 갖는다든지 하는 식의 디지털 감시에 대해 어떻게 실감을 느끼고 있는지, 다시 말해 그리고 국가가 그런 개인 정보를 공익을 위해서 사용하는 것에 대해서 사람들은 반감을 갖고 있는지, 아니면 그냥 인정을 한다든지, 그런 류의 논쟁같은 것이 있었는지, 선생님께서 아시는 대로 설명해주시면 감사하겠습니다.

그리고 또 하나는 아까 설명하셨던 취약계층에 대한 것인데요. 헤이후黑戶, 무호적자라든지 중국에서 농민공들은 사실 중국에서 본적지였던 곳에서 행정적으로 사회복지가 진행되고 있는 것으로 알고 있는데 헤이후라든지 그렇게 도시로 와 있는 그런 사람들에 대한 복지는 사실은 사각지대이거나 소외 같은 것을 당할 수 있지 않을까 하는 우려가 됩니다. 그래서 여성문제도 있고 여성문제뿐만 아니라 취약계층의 문제는 어떤 식의 상황으로 진행되고 있는지가 궁금합니다. 한국의 경우 재난지원금 같은 것을 통해서 사회복지 차원에서 경제적으로 타격을 입은 취약계층을 보조해주는 그런 기능을 하고 있는데, 중국에서는 그런 재난지원금 같은 제도가 있는지 아니면 그런 사회복지가 그런 취약계층들을 대상으로는 어떤 식으로 되고 있는지 궁금합니다. 특히 헤이후의 경우 행정적 사각지대에 있는데, 이에 대한 지원은 어떤 식으로 진행되고 있는지 궁금합니다.

마지막으로는 하드 디커플링, Ying tuōgōu^{硬脱钩}이라는 개념은 지금 선생님께서 제안하신 개념은 아니지만, 국제관계를 연구하는 전공자로서 그것에 대한 선생님의 의견이 궁금합니다. 동아시아를 연구하는 저희 동아시아연구소에서 연구를 하다보면, 중미 간의 디커플링도 문제로 다루어지고 있지만 사실 동아시아 내에서도 그런 기존에 있어 왔던 친밀한 관계들, 어떤 약간 부드러웠던 관계들이 점점 거칠어진다고 해야 되나, 갈등이나 대립 같은 것이 심해지고 있는 경향이 있습니다. 특히 민족주의적으로 그런 감정적인 대립들도 심해지고 있고, 좀 나쁘게는 혐오 감정까지도 서로가 커지고 있는 상황인 것 같습니다. 이것은 중국만의 문제라기보다는 동아시아 전반적으로 일본-한국, 중국-한국 이렇게 각국 사이에서 일어나고 있는 상황인데, 중미 간의 디커플링으로 인한 미래의 전망이 어떻게 될 것인지, 이것은 원톄쿤 같은 경우는 이것을 '글로컬라이제이션'이라는 방향으로 바뀔 것이라고 예견을 했는데, 제가 보기에는 감정적인 대립이라든지 서로 간의 긴장이 점점 고조되는 부분들이 있어 원톄쿤이 예견하는 그런 지역 글로컬라이제이션도 쉽지 않을 수도 있겠다는 생각이 듭니다. 이에 대해 선생님은 어떻게 전망하고 계신지가 제 마지막 질문입니다.

사실 더 궁금한 이야기도 많지만 다른 분들께서도 더 질문 많이 해주실 거라 생각하고 이 정도로만 질문 마치도록 하겠습니다. 감사합니다.

○ 리잉타오

윤영도 선생님의 아주 깊이 있고 폭넓은 질문에 감사드립니다. 이러한 질문에 답변드릴 수 있을까 하는 그런 생각을 가지게 됩니다.

먼저 첫 번째 질문은 문화와 관련된 것입니다. 코로나 상황에서 비대면 교류가 굉장히 늘어났고, 특히 학교에서의 대면 수업이 중단된 이후 2020년도 3월 학기부터 전면적으로 온라인 수업으로 전환이 되었습니다. 온라인 수업은 다양한 플랫폼을 통해서 이루어졌습니다. 베이징외국어대학교, 즉 제가 근무하고 있는 베이징외국어대학 같은 경우에는 '블랙 보드'라는 강의플랫폼을 이용합니다. '블랙 보드'의 주요 기능은 모든 선생님의 파워포인트나 다른 강의자료 등을 블랙 보드에 저장하는 것입니다. 데이터베이스 같은 것입니다. 여기 올려놓으면 학생들이 영상을 보고 자료를 내려 받아 봅니다. 이것이 베이징외국어대학의 방식인데요.

그와 동시에 인터넷을 통한 실시간 강의도 또 가능합니다. 그런데 실시간 강의는 상대적으로 적습니다. 왜냐하면 비용이 들기 때문이죠. 따라서 베이징외국어대학 같은 경우에 자체적인 e플랫폼을 사용합니다. 그런데 저는 e플랫폼을 직접적으로 잘 사용하지 않고, 텐센트의 무료 회의 프로그램을 사용합니다. 그리고 칭화대학의 위커팅雨課堂도 있습니다. 이렇게 다양한 플랫폼들이 있습니다. 저희 학교에서는 '블랙 보드'에 관련 자료를 올리고, 어떤 선생님들은 학생들의 출석 여부를 학생들의 프로그램 시청 기록으로 체크합니다.

그리고 또 교수들을 한 장소에 모아놓고 유리 가림막을 해서 거리두기를 한 다음에 실시간 강의를 하도록 한 적도 있습니다. 나중에는 대면 강의가 가능해졌지만, 50인 이하로 제한됐습니다. 현장 강의가 가능했지만, 학생들 사이에 거리두기를 했습니다. 이렇게 지난 학기에 저희는 대면 강의와 비대면 강의 두 가지 방식을 혼용했습니다. 그런데 이번 학기는 이미 개학을 했는데, 제 아들은 난카이 대학 컴퓨터공학과인데 지금은 온라인 강의를 하지만, 내일부터는 대면 강의를 한다고 합니다. 왜냐하면 학생들을 그룹으로 나눠서 돌아가면서 현장 수업을 듣도록 하기 때문입니다. 그래서 학생들이 돌아가면서 그룹별로 학교로 돌아가서 수업을 듣습니다. 제 아들은 모레 학교로 돌아갑니다. 그리고 어떤 학생은 제 아들이 학교로 돌아간 이후에 이틀 후에 다시 또 학교로 가서 수업을 듣습니다. 또 학교에서 대면 강의를 듣지 않을 때는 집에서 난카이대학의 온라인 수업을 듣습니다.

이렇게 코로나 상황에서 온라인 수업이 굉장히 보편화되었습니다. 또 우리는 일반적으로 코로나가 종식된 이후라 하더라도 온라인교육, 온라인회의, 즉 화상회의가 여전히 지속될 것이라고 이야기를 합니다. 코로나가 우리에게 가져다준 긍정적인 면이라면 바로 이런 온라인 방식 강의, 회의가 가능하며, 또한 이를 통해서 시간도 절약할 수 있다는 것을 발견하게 해줬다는 것입니다. 제가 아까 말씀드린 위기에 내재된 기회라고 한다면 바로 우리 코로나 위기에서 바로 이러한 기회를 찾았다고 할 수 있습니다.

그런데 유튜브는 중국에서 사용이 불가합니다. 그렇기 때문에 제대로 유튜브를 사용하는 사람이 많지 않습니다. 하지만 VPN을 통해서 학생들은 유튜브를 시청하기도 합니다.

디지털화 이후에 감시사회에서 개인의 인권이 침해받는다거나 혹은 개인정보가 플랫폼이나 정부에 의해서 사용되게 되는 상황은 이미 신용카드 시대에 나타났습니다. 신용카드 시대로 접어들면서 우리는 이미 감시받고 있습니다. 우리가 사용하는 10위안, 100위안까지 어디에서 사용되는지 모두 감시되고 있습니다. 디지털

화된 지금이 아니라 이미 신용카드 사회로 접어들면서 이미 감시 사회가 시작됐습니다. 중국은 신용카드 시대가 조금 늦게 열렸습니다. 서양은 훨씬 더 일찍부터 시작됐죠. 그래서 어떤 부정부패를 저지르는지, 누구의 돈을 뇌물로 받았는지 이런 것도 모두 확인할 수 있습니다. 이러한 것이 사회에 어떤 장단점을 가져다주는가를 봤을 때 장단점이 모두 있습니다. 전 세계가 마찬가지입니다.

그러면 어떻게 이 문제에 어떻게 대응해야 할까요? 이는 제가 답변하기 굉장히 어려운 문제인 것 같습니다. 중국과 같이 집단주의 의식이 매우 농후한 지역 같은 경우에는 집단주의적인 것을 아주 익숙하게 받아들입니다. 이러한 상황에서 사람들이 점점 개인 정보와 프라이버시 보호의 중요성, 그리고 프라이버시를 보호할 수 없다는 그러한 난처함을 함께 느낍니다. 저는 이러한 감시 사회는 계속되어 왔고 디지털 사회로 접어들면서 더욱더 심각해졌다고 생각합니다. 그러면 다만 우리가 어떻게 이런 데이터를 대할 것인가. 그리고 플랫폼이 모든 사람을, 모든 개인을 감시할 때 어떠한 룰에 따라서 이런 플랫폼을 감독할 것인가. 그리고 플랫폼이 프라이버시를 보호할 수 있도록 할 것인가가 중요하다고 생각합니다.

하지만 블랙넷黑网 같은 것이 있을 수밖에 없습니다. 인터넷상의 익명성을 가지고 부적절한 행위를 하는 것이 분명히 존재합니다. 인터넷상의 거래를 통해서 암호화시켜서 이러한 불법적인 것을 저장하는 것은 분명히 존재합니다. 모든 사람의 일상생활을 감시할 뿐만 아니라 그런 은폐성을 가지고 부적절한 일을 하고 있습니다. 따라서 인터넷은 우리에게 많은 도전을 가져다주고 모든 사람이 감시받는 문제보다 훨씬 더 많은 부정적인 영향이 있습니다. 긍정적인 면이 많기는 하지만 부정적인 면도 많습니다. 인간은 지혜를 가지고 여기에 대응해야 할 것입니다. 다양한 제도에 따라 직면하는 문제가 다를 것입니다. 하지만 감시사회 문제, 디지털 감시사회 문제와 관련해서 결국 우리의 인간의 지혜를 가지고 대응해야 할 것이라고 생각합니다. 분명히 심각한 문제가 있고요. 그리고 여기에 내재된 문제들은 우리가 생각하는 것보다 훨씬 더 심각하고 많을 것이라고 생각합니다. 감시사회 문제는 사람들의 인권을 보호하고 개개인의 이익보호, 그리고 그 사유재산을 보호하고 사람들의 개인정보를 보호하는 것과 관련된 법제활동, 입법활동이 있어야 할 것이라고 저는 생각합니다. 중국 또한 관련된 법률을 더욱더 보완해가야 할 것입니다. 이상으로 감시사회와 관련된 질문에 답변을 드렸습니다.

또 중국의 농민공 문제에 대해서, 또 헤이후 문제에 대해서 질문을 하셨습니다. 저는 헤이후 관련해서 제가 깊이 있는 연구를 하지는 못했지만 관련된 사례를 알고 있습니다. 중국에서 과거 '한 가정 한 자녀'의 산아제한정책이 진행될 때, '헤이하이즈黑孩子', 즉 호적에 올리지 못한 아이가 있었습니다. '헤이후黑戶' 현상이 어느 정도인지 통계를 말씀드리기는 어렵지만, 제가 알고 있는 분 중에 두 자녀를 가지신 분이 있습니다. 그 분은 둘째가 태어난 이후에 호적에 등록하지 않았습니다. 출생 신고하지 않은 채로 아이를 키웠습니다. 그런데 최근 들어서 특히 중국에서 '한 가정 두 자녀'를 허용한 이후에 사실 관련된 정책과 규제가 많이 완화됐습니다. 제 지인이 둘째 아이의 출생신고를 했습니다. 출생 신고를 하는데에 2위안밖에 들지 않았습니다. 그래서 아이 출생 신고를 함으로써 더 이상 '헤이후'가 아니게 되었지요. 그래서 과거의 헤이후는 더 이상 헤이후가 아니게 되었습니다. 두 자녀를 허용했기 때문에 지금의 상황이 매우 복잡하기는 하지만 '헤이후'가 과거보다 훨씬 줄어들었습니다. 제가 인구와 관련해서 연구를 하고 있지 않기 때문에 정확하게 말씀드릴 수는 없지만, 제 주변의 사례로 보았을 때는 아주 순조롭게 주민등록을 했습니다.

사람들의 주민등록과 관련된 것이 바로 사회 복지 문제입니다. 사회 복지 문제는 굉장히 중요합니다. 사회복지는 주민등록이 있건 없건 모두가 직면하고 있는 문제입니다. 그것은 중국 전체 사회보장제도의 발전과 완비에 연관됩니다. 사회보장제도에는 퇴직금, 의료 보험, 의료 보장 등 중요한 문제가 포함되어 있고, 중국의 의료보장제도, 사회보장제도는 더욱더 완비되어야 할 필요가 있습니다. 특히 기층 서민들의 의료서비스 수준은 향상되어야 합니다. 지방에 사는 많은 사람들은 병에 걸리면 대도시에 있는 큰 병원에서 진료 받기를 원합니다. 왜냐하면 지방 소도시에 있는 작은 병원을 신뢰하지 않기 때문입니다. 때문에 대도시의 큰 병원에는 환자가 너무 너무 많습니다. 중국 경제가 발전하고 많은 사람들이 빈곤탈출을 해서 부를 일구어 가고 있지만, 사회 보장 제도와 의료 보장 제도는 더욱더 개선되어야 합니다. 이와 관련해서 앞으로 정비해가야 할 것이 많고, 우리가 가야 할 길이 매우 멀다고 할 수 있습니다. 그래서 민생문제, 사람들의 생활 보장 문제에 있어서 중국은 많은 문제에 직면하고 있습니다. 중국이 경제 규모에 있어서 세계 2위이고 많은 자원을 가지고 있기는 하지만, 중국의 인구 또한 세계 1위입니다. 따라서 중국의 GDP를 인구수로 나누면 1인당 가질 수 있는 부는 굉장히 적습니다. 따라서 중국이 앞으로 해결해야 할 문제는 너무너무 많습니다. 이상으로 헤이후 문제, 농민공 문제에 대해서 답변을 드렸습니다.

농민공의 권리 보장 문제도 아주 중요합니다. 김미란 교수님께서 저한테 주셨던 질문 중에 '저가 임대 주택廉租房' 문제가 있었습니다. 특히 이 건물의 월세 감면에 관련된 질문이 있었죠. '임대 주택'의 경우 국가가 건설해서 주택이 없는 사람들에게 굉장히 저가로 제공하는 것입니다. 이러한 과정에서 중국 정부가 여러 가지 노력을 통해서 빈곤층에게 살 집을 제공하는 것입니다. 그런데 이를 좀 더 자세히 들여다보면, 이런 주택은 도시에 주민등록이 되어있는 사람, 도시에서 세금을 내는 사람에게 여러 가지 자격 조건을 제시하고 있습니다. 즉 임대 주택에 입주할 수 있는 자격 제한을 두고 있다는 것이지요. 그래서 가장 가난한 사람들, 농촌에서 도시로 와서 일하는 사람들 같은 경우에는 이러한 '임대 주택' 조차도 보장받지 못하고 있습니다. 따라서 중국은 사회보장과 관련해서 가야 할 길이 매우 멀다고 할 수 있습니다. 이상으로 사회보장과 관련된 질문에 답변 드렸습니다.

하드 디커플링 문제와 관련해서 미중 간의 디커플링 문제라고 할 수가 있습니다. 미중 간의 디커플링 문제는 트럼프 임기 후반기에 자주 나온 말인데, 지금 바이든이 출범한 이후에 미중 관계의 향방에 대해서는 관찰이 필요합니다. 저는 원톄쥔 선생님께서 말씀하신 글로벌 위기 하에서 농촌이 우리의 최후의 보루가 돼야 된다는 의견에 동의하지 않습니다. 코로나와 관련해서는 원톄쥔의 의견에 동의합니다. 농촌에서는 대외교류가 많지 않기 때문에 관리를 조금만 잘하면 전파를 차단할 수 있기 때문입니다. 향촌진흥도 중국의 빈곤 탈출에 있어서 굉장히 중요한 정책 중 하나입니다. 하지만 국제관계학자로서 오늘날과 같은 국제 정세, 또 전세계 발전 추세를 볼 때, 인류가 농촌에 의지해서 전 세계와 멀리 떨어진 상태로 살기는 어려울 것입니다. 미국도 원하지 않을 것이고 중국도 전 세계와 디커플링하지 않을 것입니다. 향촌은 물론 중요하지만, 그것은 중국의 국가 거버넌스의 일부분에 불과합니다. 말이 디커플링이라고 언급이 되기는 했지만 중국은 글로벌 거버넌스에 참여하지 않을 수도 없을 것이며 또 참여하려는 의지도 굉장히 강합니다.

탄소 중립, 환경보호, 기후변화, 젠더 문제에 있어서도 중국은 매우 강력한 의지를 가지고 있습니다. 잘 하고 싶어 합니다. 이 이 슈들은 중국의 정치 담론에 있어서 글로벌 거버넌스와 가장 연결되기 쉬운 지점이고 전 지구적인 젠더 문제에 있어서 중국이 가장 큰 성과를 보여줄 수 있는 부분이기도 합니다. 중국 정부가 글로벌 거버넌스에 참여할 수 있는 가장 중요한 두 이슈가 바로 젠더와 기후 문제입니다.

시진핑 정권 이후로 중국은 글로벌 거버넌스에 참여하고 싶어하고 또 어떤 부분에서는 글로벌 거버넌스를 주도하고자 하는 의지를 표출하고 있습니다. 기후 변화와 젠더 부분이 가장 하기 쉬운 부분이 아닐까 싶습니다. 중국 정부가 이 두 분야에서는 무언가를 할 수 있다고 생각하기 때문입니다. 젠더 문제에 있어, 시진핑도 연설을 통해서 5년 뒤에 다시 한 번 여성대회를 주최하고 싶다고 말했던 것처럼, 이 분야에서 거버넌스를 주도한다고 볼 수 있습니다. 또 UN WOMEN유엔여성기구에도 기부금을 냈습니다. 그래서 그만큼 젠더 문제에 대해서 중국이 조금 더 많은 일을 하고 싶어 합니다. 그래서 하드 디커플링은 불가능하다고 생각합니다. 중국은 그럴 의지도 없고요. 그리고 전 세계 발전 상황을 보면 누구와 디커플링 한다는 것은 불가능하다고 생각을 합니다. 이것이 답변이 되었는지 모르겠습니다만 감사합니다.

○ 이기웅

네, 리잉타오 선생님 답변 잘 들었습니다. 이제 플로어 Q&A 시간인데, 시간이 그렇게 많지 않은 관계로 두 분 정도만 질문을 받도록 하겠습니다. 혹시 질문 있으신 분 계시면 의사를 표시해주시고 말씀을 해주시면 되겠습니다.

○ 백원담

굉장히 감사드립니다. 저는 중국 방역의 성공에 관한 질문을 드리고 싶습니다. 얼마 전 줌 회의를 통해서 왕샤오밍王曉明 선생님의 말씀을 들은 적이 있는데, 그 해석이 매우 인상적이었습니다. 왕샤오밍 교수는 중국 방역의 성공에 대해서 중국 권위주의 체제에 대한 중국 인민들의 동의, 즉 중국 권위주의 체제의 감시와 강력한 조치에 대한 중국 인민들의 일정한 동의를 얻어서 가능했었다고 지적했습니다. 그리고 또 이 과정에서 중국 인민들은 주류 가치관의 변화, 즉 '생명'이라는 가치관을 가지고 대응 혹은 호응했다고 지적했습니다. 그리고 왕샤오밍은 여기에서 한 걸음 더 나아가 인민의 '생명' 의식이 실제로는 자기의 주변의 생명은 중시하지만 그 나머지에 대해서는 배제하는 문제들을 가지고 있다고 지적한 적이 있었습니다.

그래서 저는 여기에서 중국 권위주의 체제가 가지고 있는 강력한 통치성이 사스 때도 그렇고 코로나 때도 그렇고 사회적 인정을 통해 발휘되고 있지만, 팍스 시니카의 가능성을 생각할 때 좀 더 다른 사회적 동력에 대한 근거를 만들지 않고서는 어렵다는 생각을 합니다. 그랬을 때 그것이 어떻게 가능하겠는가라는 의구심이 드는 것도 사실입니다.

그것과 관련해서 저는 리잉타오 선생님의 발제를 들으면서 선생님은 중국사회의 활력을 젠더의 가능성에서 찾고 있다는 느낌을 받았습니다. 젠더나 시민사회, 소수자, 혹은 택배 노동자 등을 통해 국가의 거버넌스에 대응하는 문제를 항상적으로 제기할 수 있는 창구가 만들어질 수 있을지 선생님의 의견이 궁금합니다. 일례로 왕샤오밍 선생은 인민들의 상선, 선을 존중하는 것, 착한 마음, 향상하는 마음을 답으로 말씀하셨습니다. 왕샤오밍이 말한 '향상'이라는 것은 어떤 진보적인 전환의 문제를 이야기한 것으로 이해되는데, 그것이 지금 단계에서 어떤 식으로 유형화될 필요가 있는지, 특히 젠더 차원에서 어떻게 유형화될 수 있을지에 대해서 의견을 여쭙니다. 고맙습니다.

○ 리잉타오

소장님, 좋은 질문 감사드립니다. 굉장히 깊이 있게 생각을 해야 하는 문제인 것 같습니다. 인간 문제이고, 인성 문제이기도 합니다. 코로나는 인성에 대해서 생각하게 하는 그런 사건이기도 합니다. 중국은 권위주의 사회이기 때문에, 권위주의 하에서 인성을 어떻게 볼 것인가가 굉장히 중요합니다. 서양의 자유 민주에 대해서 굉장히 충성하는 제 친구들도 있지만 저는 그렇지는 않습니다. 저는 미국에서 교육을 받은 적도 있고, 또 서양 학문을 접할 기회도 있었고, 또 서양의 민주주의에 대해서도 굉장히 동경을 했습니다. 하지만 이번에 코로나 시기에 대처하는 트럼프의 민족주의를 보면서, 트럼프의 글로벌 거버넌스에 대한 관점을 보면서, 미국이 대표하는 서방의 이론을 지지하던 많은 사람들이 실망했습니다. 이 실망은 진정한 실망이었습니다. 민주주의를 굉장히 사랑했고 권위주의는 지식인들에게 있어서 아쉬운 부분이 있었기 때문에 미국의 민주주의를 동경했었습니다. 그런데 이번에는 굉장히 실망했고 심지어 비애감을 느낀 적도 있습니다. 미국이 잘할 것이라고 기대를 했는데 그렇지 않아서 더 실망한 경우도 있습니다.

중국의 코로나 방역에 대한 국민들의 생각을 보면, 중국 정부가 거버넌스를 굉장히 잘하고 있고 이러한 거버넌스는 권위주의의 체현이라고 보는 경우도 있고 또 제도의 우월성으로 해석하는 사람도 있습니다. 또 한따위앤韓大元 교수님처럼 법제를 강화해서 사회 공정을 더욱 확대해야 된다고 해석하기도 합니다.

그리고 인권에 대해서도 반성을 합니다. 인권이란 무엇인가, 인권은 정치권력과 결사 권력만을 뜻하는 것인지 아니면 발언의 자유를 뜻하는 것인지에 대한 논의도 있습니다. 8, 90년대에 중국의 인권 문제에 있어 굉장히 많은 도전이 있었습니다. 때문에 중국에서도 일련의 자체적인 인권에 관한 이론을 개발해나갔습니다. 그리고 정치적인 권리, 발전권과 같은 담론들을 계속 제시했습니다.

이런 중국의 인권 담론에서 강조된 것은 바로 생존권과 발전권입니다. 생존권과 발전권을 해결하지 못한 상태에서 서양식의 자유와 권리만 추구한다면 어떻게 될까요? 생존권, 발전권, 그리고 정치적인 자유를 동시에 추진할 수 있겠지만, 미국의 코로나 방역실패가 주는 교훈은 큽니다. 서구에서는 개인의 생존권과 발전권이 당연히 하늘로부터 받는 것이라 여기고, 그 외 정치권, 종교, 개인의 권리 등 5대 자유가 인류에게 필요한 권리라고 말합니다. 하지만, 코로나 상황에서 국민의 생명권이 보장받지 못하는데 다른 것은 더 생각할 것도 없습니다.

그런데 서양의 가치관과는 반대인 중국 정부의 권위주의가 오히려 생존권을 확보하고 보장하는 데에 더 긍정적으로 작용했다고 말할 수 있습니다. 이렇게 비교하면, 제도가 우월해서인가, 아니면 다른 요소가 우월해서인가? 통제가 좋을까 아니면 통제하지 않는 것이 좋을까? 이렇게 많은 사람들이 전염되고 사망하게 되자 많은 사람들은 '생존권이 하늘에서 준 것인가, 코로나 상황에서 우리의 생존권이 포기되어야 하는가?' 등 여러 가지 생각을 하게됩니다. 그래서 중국에서 코로나가 성공적으로 억제되면서, 중국 국민들은 중국 정부에 대해 굉장히 '고마워합니다'. 저는 여기에 따옴표를 붙입니다. 사람들은 정부가 지금과 같은 방식으로 하는 것이 좋다고 생각합니다. 민심을 보면 생존권과 발전권이 보장됐다고 보고 있다고 할 수 있겠습니다.

중국이 인권을 해석하면서 생존권과 발전권을 포함시키고, 그 중에서 발전권을 UN 문건에 포함시켰습니다. 1대 인권과 2대 인권을 보면 인권의 개념이 달라졌습니다. 중국이 다른 개발도상국처럼 발전권을 UN 인권 문건에 포함을 시켰다는 것은 중국 국내의 인권에 대해 국가가 새롭게 해석을 한 것이라고 볼 수 있습니다. 다시 말해서 생명이 가장 중요하다는 것입니다. 배부르게 먹지도 못하는 상태에서는 어떤 권리도 중요하지 않죠.

그런데 이런 흐름은 서양식 교육을 받은 중국의 지식인들에게 아주 실망스러운 일입니다. '누워서 침뱉기'라는 이야기까지 나옵니다. 사람들은 중국 국내의 사망률을 굉장히 위험하다고 생각합니다. 하지만, 이렇게 국제적인 비교를 하면 큰 격차를 볼 수가 있습니다. 중국 정부나 이론가들을 빌릴 필요 없이, 데이터만 보여주면 됩니다. 그러면 국민은 굉장히 현실적이기 때문에 이 데이터를 보고 중국 정부의 방역 성과에 대해서는 굉장히 칭찬을 할 수밖에 없습니다. 이것으로 첫 번째 중국 방역에 관한 저의 답변을 마치겠습니다.

두 번째는 중국의 거버넌스, 권위주의, 정치제도 내부에서도 변화가 생겨나고 있습니다. 중국 정부가 거버넌스를 강조하면서, 특히 '굿 거버넌스'를 강조하고 있습니다. 내부의 거버넌스와 글로벌 거버넌스를 연결시키고 있습니다. 그래서 국내의 거버넌스와 글로벌 거버넌스를 보면 정치적인 담론이 점차 같아지고, 계속 글로벌 거버넌스에 편입되고 있다는 것을 알 수가 있습니다. 중국 정부는 통치의 합법성, 거버넌스의 합법성을 위해 국내 거버넌스에서 또 글로벌 거버넌스에서 더 많은 기여를 하려고 노력하고 있습니다.

글로벌 거버넌스에서의 중국의 노력은 중국 거버넌스 하에서의 평화, 팍스 시니카라고들 말하는데, 이런 용어는 중국 국내에서는 많이 사용하지 않습니다. 미국 거버넌스 하에서 평화, 즉 팍스 아메리카에 대해서는 이야기하지만, 팍스 시니카 혹은 팍스 차이나라는 말은 중국에서는 쓰지 않습니다.

우리가 더 강조하는 것은 '인류운명공동체'라는 말입니다. '인류운명공동체'가 중국의 거버넌스인지 혹은 중국 주도의 거버넌스인지에 대해서는, 제 생각에는, 로마제국, 대영제국, 혹은 전후 미국 같은 주도적인 위상을 추구하는 것은 아닌 것 같습니다. 중국에서는 절대 그렇게 이야기하지 않습니다. 하지만 중국은 거버넌스 과정에서 가치를 제시할 필요가 있습니다. 그 가치가 바로 '인류운명공동체'입니다. 우리 전쟁하지 말고 같이 공동체를 위해 노력하자는 것입니다.

그러면 그 이면에 팍스 차이나가 있을까요? 저는 그렇지 않다고 생각합니다. 하지만 개별적인 '민족주의가 충만한' 학자들이 그렇게 말할 수도 있겠지만, 그것은 현명한 처사는 아닙니다. 중국의 이익에도 부합하지 않고 중국의 발전 방향에도 부합하지 않습니다. 하지만 인류운명공동체에 대한 다른 해석도 있습니다. '인류운명공동체가 하나의 패밀리고 중국이 가장'이라는 해석인데, 중국은 그런 가장이 될 수도 없고 되고 싶어 하지도 않습니다. 물론 되고 싶어하는 사람도, 돼야 된다고 생각하는 사람도 있겠습니다만 저는 아니라고 생각합니다. 불가능하고요. 질문에 대한 충분한 답이 되었는지 모르겠습니다.

○ 이기웅

네, 감사합니다. 아까 김미란 선생님이 질문하시려고 했던 중국의 시노백 백시네이션에 대한 의견도 듣고 싶습니다.

○ 리잉타오

네, 백신 관련해서 김미란 교수님께서 2020년 12월 15일부터 2021년 2월 8일 사이에 3,100만 명이 백신을 접종했는데 효과가 어떤가라는 질문을 주셨습니다. ppt 화면의 오른쪽 사진은 제가 살고 있는 동네(지역사회)社区에 붙여진 공문입니다. 보시다시피, 백신은 모든 사람들에게 무료접종입니다. 정부가 자금을 지원하고,

사람들이 자발적으로 접종을 받게 합니다. 저희 동네에 이것을 붙여놓고, 각자의 휴대전화로 이 QR코드를 스캔하면 신청이 됩니다. 스캔하지 않으면 신청되지 않습니다. 그래서 만약 정부의 실험용 쥐가 되고 싶지 않다고 생각하면, 신청하지 않으면 됩니다. 저는 신청했습니다. 왜냐하면 대학에서 강의하기 때문에 학생들과 접촉을 해야 되고, 학생들이 전국 각지에서 오기 때문에 안전을 위해서 자발적으로 신청했습니다.

〈그림 7〉 지역 공고문 : 1차 접종대상은 18~59세이며 핸드폰스캔을 통해 접종예약을 하라는 내용

1단계의 경우 18세부터 59세까지 접종했습니다. 그러니까 어린아이에게 접종했던 것은 아니고, 청년과 중년층에게 접종했습니다. 사실 저희가 왜 18세부터 59세를 대상으로 먼저 접종을 했는가, 왜 더 위험에 노출된 노년 인구에게 접종하지 않았는가라는 질문을 했었는데, 백신의 부작용을 우려해서 조금 더 건강한 청장년층에게 접종을 했던 것 같습니다. 지금은 2단계인데, 59세 이상의 연령대에게 신청하도록 하고 있습니다. 18~59세까지는 이미 접종단계가 끝났고, 지금은 59세 이상이 접종하고 있습니다.

중국의 백신에는 시노팜에서 생산한 것과 베이징 커싱科兴에서 생산한 것 두 가지가 있습니다. 저는 시노팜 백신을 맞았고 제 남편은 베이징 커싱 백신을 맞았습니다. 저희 남편과 제가 다른 기관에서 근무하고 있기 때문에 접종한 백신이 다릅니다. 세계적인 통계에 따르면 시노팜 백신의 효과가 커싱보다 더 좋다고 합니다. 하지만 지금 통계 자료로서 입증되고 있지는 않습니다. 왜냐하면 접종한 지 얼마 되지 않았기 때문에 효과에 대해서는 아직 나온 통계가 없습니다. 하지만 부작용이 매우 적다는 것은 말씀드리고 싶습니다. 중국과 베이징에 코로나 확산세가 많이 진정되고 있는 것으로 봐서 효과가 있는 것 같기는 합니다.

백신의 부작용과 관련해서는, 저는 어떠한 부작용도 없었습니다. 제 주변 사람들도 마찬가지입니다. 아주 일부만이 부작용이 있었는데, 어깨가 뻐근하다든가 두통이 좀 있다든가 하는 소소한 문제였습니다. 전반적으로 봤을 때 백신의 부작용이 적고, 정부는 무상으로 접종하며, 사람들은 자발적으로 백신을 접종하고 있습니다. 하지만 이를 통해서 감염을 방지할 수 있는가에 대해서는 저와 제 주변에 있는 사람들이 바이러스 감염 위험지역에 있지 않기 때문에 확실한 답을 드리기는 어렵습니다. 저는 안전지대에 있다고 생각하지만 백신 접종을 했습니다. 하지만 정부의 실험용 쥐가 되기 싫다고 생각하는 사람들은 여전히 신청하지 않고 있습니다. 백신 관련된 상황에 대해서는 이 정도로 답변 드리겠습니다.

그리고 조금 전에 '건강QR코드健康宝'에 대해서 말씀드렸는데요, 건강QR코드 앱에서 자기가 접종할 백신을 모두 검색을 할 수 있습니다.

○이기웅

네, 고맙습니다. 오늘 저희가 웨비나 시리즈 두 번째 순서였는데요. 지난번에 한 번의 경험이 있어서 그런지 굉장히 안정적으로 진행된 것 같습니다. 덕분에 대담 내용에 더 집중할 수 있었고요. 오랜 시간에도 불구하고 유익하고 뜻깊은 시간 만들어주신 리잉타오 선생님께 다시 한번 감사드리고 또 오늘 행사를 무사히 치를 수 있게 해주신 여러 선생님, 연구소 조교분들, 또 두 분 통역사 선생님, 속기사 선생님 모두 고생 많이 하셨습니다.

저희 해외 석학 초청 웨비나 시리즈는 앞으로 동남아편 2편이 더 예정되어 있으며 일정은 아직 조율 중입니다. 빠른 시일 내에 확정해서 알려드리도록 하겠습니다. 마지막으로 오랜 시간 경청해주신 관객 여러분께 감사드립니다. 오늘 순서는 여기서 마치도록 하겠습니다. 좋은 저녁 시간되시기 바랍니다.

(일동 박수)

○리잉타오

백 소장님, 김미란 교수님, 그리고 이기웅 선생님께 모두 감사드립니다. 훌륭한 질문해주신 데에 대해서 감사드립니다. 안녕히 계십시오.

(18시 03분 행사 종료)

2

위기 속의 기회

COVID-19 팬데믹 상황하의 중국 양성 간 평등에 대한 논제

리잉타오(李英桃)

(한국어 번역 : 최영)

2020년 초 신종코로나-19 감염병이 확산되자 학술계에서는 코로나-19 상황과 대책관련논문이 대량으로 출간되었다. 일례로 중국 삼농문제三农问题 전문가인 원톄쥔溫铁军 교수는 다음과 같은 주장을 하였다. 코로나-19는 전세계적인 위기를 심화시켰으며 중국은 서양의 "Hard decoupling硬脱钩" 위협에 직면하고 있고 생태문명전략의 혁신이 중국이 대처할 수 있는 방안, 혹은 출로이다. 즉, "농촌활성화"야말로 코로나-19 상황에서 서양국가들의 "탈 중국화" 정책에 대응하며 경제를 안정화시킬 수 있는 방안压舱石이라고 본 것이다. 한편, 법학자인 한따위앤韩大元 교수는 포스트 코로나-19 시대에 공정한 사회를 다시 구축하는 문제에 대하여 논하였는데 그는 헌법과 사회의 공정성을 몹시 중시하고 사회주의가 인류 삶의 규칙과 인생철학이 되어야 한다고 강조했다. 아울러 양성 간의 평등이 정의표^X를 실현할 수 있는 중요한 지표임을 반복하여 강조하였다.[1]

만약 원 교수가 제시한 '농촌 활성화'가 서양국가의 '탈 중국화'와 '중국에 대한 하드 디커플링'이라는 글로벌위기에 대처하는 방법이자 '중국의 내수 진작國內大循环'의 중요성을 부각시키고, 뚜렷한 대내적內向性인 특징을 가진 것이라고 한다면, 필자는 바로 양성 간의 평등이 여러 분야에 걸쳐있는 상호 중첩된 논제로서 대내적인 의미도 있으며 '농촌 활성화'를 포함한 중국 내수 발전을 촉진하는 데 도움이 될 수 있다고 생각한다. 뿐만 아니라 양성 간의 평등은 지속가능한 발전의 중요한 목표로서 그 자체가 지닌 대외적外向性인 특징도 지니고 있어, 중국정부가 중국내 거버넌스Domestic governance와 글로벌 거버넌스global governance를 연계시킴으로써 적극적으로 국제협력 및 글로벌 거버넌스를 이끌어 가는 계기로 활용될 수 있다.

---

1   한따위앤(韓大元), 「포스트 코로나-19 시대-공정한 사회를 다시 만들다」, 『중국 법률평론』 5권, 2020, 43~56쪽.

1. 교차되는 요소들에 영향을 준 COVID-19 및 양성 간 평등문제가 직면하는 도전

COVID-19 감염병의 전세계적 확산과 그것에 대처하는 과정에서 발생된 이차적인 위기는 인류의 경제생산 및 사회생활에 심각한 영향을 끼쳤다. 전 인류가 공통적으로 직면하고 있는 이번 위기는 각국의 정부와 국제협력 및 글로벌 거버넌스 능력에 대한 심각한 도전이며, 모든 개개인에게도 거대한 시련이다. 필자는 「COVID-19 팬데믹 상황에서의 "취약성" 및 "취약계층" 문제에 대한 탐색」이라는 논문에서 건강취약 계층 및 사회적 취약계층 두 가지 측면에서 COVID-19가 인류에게 가져다 준 직접적인 건강 위협 및 간접적인 사회피해에 대하여 살펴보았다.

1) 건강취약 계층에 대한 성별적 분석

세계보건기구, 미국, 중국 등 각국의 방역지침을 참고하여 신체 조건, 환경조건, 직업 특징에 따라 분류하면 건강취약계층을 유형화해 낼 수 있다.(그림 1 참고) 각각의 조건들은 서로 작용을 하며 종합적인 영향을 미치고 있다.

COVID-19의 감염상황 및 사망자 데이터를 분석하면 노인, 특히 양로원에서 살고 있는 노인, 소수민족의 사망률이 높은 것으로 나타나며 각 연령 층에서 남성의 사망률이 여성보다 높다.[2] 예컨

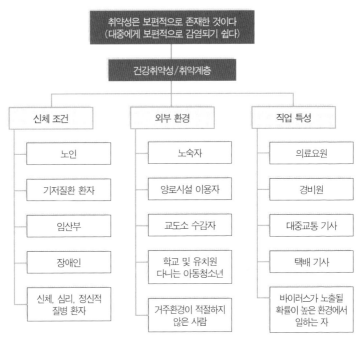

〈그림 8〉 COVID-19와 관련된 건강취약 계층의 주요구성(자료출처 : 필자)

대, 파키스탄 정부가 발표한 성별에 따른 코로나-19 감염자 데이터를 보면 2020년 6월까지 남성 확진자의 수가 74%를 차지한 것으로 나타난다.[3]

---

2   GEDI VISUAL, 「Tasso di letalità per fascia d'età e sesso」, 28 April, 2020.
      https://flo.uri.sh/story/240006/embed?v2#slide-0
      사망률은 사망자 인원수와 확진자 인원수의 백분율을 가리키며, 연령층과 성별로 각각 분류했다. 흑룡강외국어대학교 서양어대학과 마백현(Fabio Selva) 교수님께 특별히 감사의 말씀을 전한다.
3   "Understanding gendered experiences and impacts of Covid-19 in Pakistan", January 19, 2021.

의료진 가운데 여성이 차지하는 비율이 높으며 의료진의 감염 상황은 국가별로 차이가 크다. 중국에서 우한武漢을 지원하러 간 의사 중에 감염 사례는 없었다. 에볼라 바이러스에 대응한 아프리카의 경험을 보면 임산부들이 더 큰 어려움을 겪고 있으며 임산부의 신체상황, 의료조건 및 대응조치 등이 모두 취약성에 영향을 주었다. 그러나 중국의 데이터에서는 임산부들의 코로나-19에 대한 취약성이 뚜렷하지 않는 것으로 나타났다.

가장 먼저, 종합적으로 볼 때 코로나-19의 확산이 여성에게 직접적으로 미친 건강상의 위협이 남성보다 훨씬 높은 것은 아니었다. 둘째, 직업으로 보면 여성의료진들이 남성의료진보다 뚜렷하게 높은 위험성이 있는 것은 아니다. 중국이 코로나-19에 대응한 성과를 놓고 볼 때, 충분한 방역준비와 자원공급이 건강취약계층을 보호하는 데 가장 중요하였다.

2) 사회적 취약계층에 대한 성별적 분석

코로나-19 및 그 대응조치는 다른 요소들과 서로 중복, 교차되면서 더욱 복잡한 결과를 초래했다. 코로나-19는 사회적 취약계층의 범위를 확대시켰으며 그 취약정도도 심화시켰다. 뿐만 아니라 기존에 있던 성차별 및 불평등에 서로 영향을 주면서 여성, 여

---

https://www.ids.ac.uk/opinions/understanding-gendered-experiences-and-impacts-of-covid-19-in-pakistan/

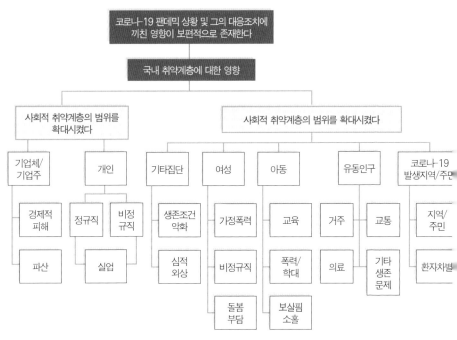

〈그림 9〉 COVID-19와 관련된 사회취약성에 대한 분석(자료출처 : 필자)

자 아이, 다른 사회취약 계층에게 더욱 큰 위협이 되었고 그들의 사회적 취약성을 더욱 심화시켰다.(그림 2 참고) 이 과정에서 양성 간의 불평등 정도가 더욱 심해졌다.[4]

　전세계적으로 보았을 때, 코로나-19 감염병이 유행된 후 여성

4　OCHA, "Global Humanitarian Response Plan Covid-19 : United Nations Coordinated Appeal(April - December 2020)", March 28, 2020.
https://www.unocha.org/sites/unocha/files/Global-Humanitarian-Response-Plan-COVID-19.pdf
「코로나-19 전 세계 인도주의 대처 계획 : 유엔 협조 및 호소(2020년 4월-12월)」.

은 가정폭력을 당하는 취약성이 커졌다. 경제적 불경기는 비정규 영역에서 일하고 육아와 가사를 담당하고 있는 여성들에게 매우 큰 영향을 끼쳤다. 여성들이 맡고 있는 무급의 돌봄 업무는 남성보다 3배 정도 많다. 또한, 전세계의 코로나-19 대책들은 성 균형이 부족한 것으로 보여진다.[5] 이처럼 여러가지 요인들이 서로 겹치면서 여성이 직면하는 다중적 취약성이 드러나기 시작했으며 이로 인하여 최근 몇십 년간 여성들이 획득한 경제정의와 권리측면의 성과가 다시 무너질 수 있게 되었다.[6]

양성 불평등의 사회 현실 중에 코로나-19는 기존의 성차별과 불평등을 확대시켰다. 여성의 요구는 무시당하거나 '부차적인 문제a side issue'로 간주되고 있기 때문에 국제사회에서는 이런 위급한 상황에서 양성 간의 평등이 더 이상 선택사항이 아니며 무시해서는 안 된다고 호소하고 있다.[7]

---

5   CARE and International Rescue Committee, 「Global Rapid Gender Analysis for Covid-19」.
     https://www.rescue.org/sites/default/files/document/4676/globalrgacovidrdm33120final

6   CARE, 「COVID-19 Could Condemn Women To Decades of Poverty : Implications of the COVID-19 Pandemic on Women's and Girls' Economic Justice and Rights」, April, 2020.
     https://insights.careinternational.org.uk/media/k2/attachments/CARE_-_Implications_of_COVID-19_on_WEE_300420_1

7   「신종코로나-19바이러스가 라틴 아메리카의 인권, 특히 여성 인권에 대한 영향, 미국 대화조직의 온라인 세미나, 유엔인권사무고등판무관 Michelle Bachele의 발언」, 2020.4.29.
     https://www.ohchr.org/CH/NewsEvents/Pages/DisplayNews.aspx?N

2. 중국이 코로나-19를 대처하는 과정에서
양성 간의 평등을 추진하는 조치와 도전

코로나-19가 최초로 후베이성 우한시에서 발견된 후, 중국은 2020년 1월 23일에 우한 폐쇄 정책을 실시하였다. 전국의 의료진들은 우한을 지원하고 최선을 다해 코로나-19에 대처하는 동시에 후베이성 여타 지역과 전국 각 지역에서는 모두 각각 휴업, 생산 중단, 대면수업 중단, 지역사회 폐쇄, 사회적인 거리두기, 마스크 착용, 자가격리 등 정도에 따라 방역 조치를 취했다. 코로나-19의 상황과 방역 효과에 따라 방역 지침이 계속 조정되었으며 양성 간 평등과 관련된 정책 조치도 여러가지 방면에서 나타났다.

1) 의료진의 업무환경을 개선하고 특수 집단을 보호하는 정책 조치

국제통화기금의 코로나-19에 대처하는 특별시리즈가 실린 블로그의 내용 가운데 이 심각한 충격의 영향을 이완시키는 방법은 가장 취약한 집단에게 많은 지원을 제공해야 한다는 것이다. 중국의 정책 입안자들은 취약 가정을 중요시하고, 작은 회사를 지원하기 위해 사회보험료 면제나 공공사업 세금 면제 등 새로운 방법을 탐구했다. 또한, 금융과학기술회사를 통해 신용대출을 제공해 줌

---

ewsID=25846&LangID=C

으로써 다른 정책들도 함께 역할을 발휘할 수 있었다. 당국은 신속히 신용대출 기준을 완화하였으며 위생설비의 생산량 증대와 코로나-19에 대처하는 기타 중요 활동에 적극적인 지원을 하였다.[8] 이를 아래와 같이 네 부분으로 나누어 살펴보고자 한다.

(1) 의료진들의 업무환경 개선

의료진 중에는 여성이 차지하는 비중이 크다. 중국 정부가 의료진을 대상으로 내세운 정책들은 여성 의료진들의 생활과 업무에 직접적인 영향을 주었다. 국무원사무실은 「일선 의료진의 업무 조건을 개선하고 의료진의 심신건강을 보호하는 것에 대한 몇 가지 조치」, 「코로나-19 감염예방 중앙위원회가 전면적으로 의료진을 보호하고 관심을 갖는 것에 대한 몇 가지 조치 공지」를 잇따라 발표했다.[9] 즉, 의료진들의 업무 및 휴식 환경을 개선하도록 하고 의

---

8 海尔格·伯格(Helge Berger), 肯尼斯·康(Kenneth Kang), 李昌镛(Chang-yong Rhee), 2020.3.20, 「영향을 약화시키기, 그리고 어려운 선택-중국의 조기 경험」.
   https://www.imf.org/zh/News/Articles/2020/03/20/blog032020-early-lessons-from-china

9 국무원 판공청, 「일선 의료진 업무 조건을 개선하고 의료진의 심신건강을 보호하는 것에 대한 몇 가지 조치」, 2020.2.10.
   http://www.nhc.gov.cn/bgt/gwywj2/202002/e3e9f58b9c8f4729867f3003eedba62b.shtml
   코로나-19 감염예방 중앙위원회, 「코로나-19 감염예방 중앙위원회가 전면적으로 의료진을 보호하고 관심을 기울이는 것에 대한 몇 가지 조치 공지」, 2020.2.22.
   http://www.nhc.gov.cn/bgt/gwywj2/202002/fa1ce1bd147c41bcb2b50b6a6304eaf4.shtml

료진의 개인방역을 강화하며 병원 내 감염을 최대한 방지한다. 의료자원과 방역설비를 최선을 다해 확보하고 의료진의 심신건강을 보호하며 의료방역 인원들의 처우를 개선하여 위생방역 보조금 기준을 올리고 산재판정 및 처우보장을 확고하게 하며 직함 평가 우대정책을 실시한다. 또한 어려운 가정에 대한 배려와 지원을 한다는 내용을 포함하고 있다.

(2) 임산부, 아동 등의 집단에 대한 보호

2020년 2월 2일, 국무원 신종코로나-19 바이러스 감염 공동방역관리센터는 특별히 "아동 및 임산부 코로나-19 감염예방을 철저히 예방해야 한다"는 공지를 발송하였다. 아동 및 임산부의 코로나-19 감염예방을 철저히 하기 위해 재택 아동 및 임산부의 상황에 따라 각각 관련 의료기관, 출산기관, 돌봄 기관에 요청을 한 것이다. 코로나-19의 상황에서 임산부의 의료서비스에 필요한 구체적인 조치를 실시하여 임산부 가운데 유사 및 확진사례가 발생하면 질병치료 및 안전출산 서비스를 제공하고, 산모와 신생아의 안전을 확보하여 임산부 건강서비스 관련 의료기관 내 감염 방지를 강화하고 입원환자의 감염 위험을 낮추도록 지시하였다.[10]

---

10 국무원 신종코로나-19 바이러스 감염 공동방역관리센터, 「아동 및 임산부 코로나-19 감염예방을 철저히 예방해야 한다(2020) 17호」, 2020.2.2.
http://www.gov.cn/xinwen/2020-02/02/content_5473939.html

후베이성에서 코로나-19가 처음 발생했을 당시 한 뇌성마비 아동이 아버지와 남동생이 코로나-19로 인해 격리되는 동안 마을 위원회가 돌봐 주기로 했었는데 결국 혼자 집에서 지내다가 사망한 사건이 사회적 이슈가 되었다.[11] 2020년 5월 8일, 국무원 신종 코로나-19 바이러스 감염 공동방역관리센터는 「코로나-19 방역 관리 일상화에 대한 지도 의견」을 발표하여 노인, 아동, 임산부, 장애인, 중증 기저질환 환자 등 특수집단을 잘 지도하여 개인 방역을 잘 지키도록 하고 심리 상담과 배려 등의 업무도 실시하도록 하였다.[12]

(3) 도시 및 농촌의 최저 생활 보장

저소득 집단, 특히 코로나-19의 영향을 크게 받은 저소득 집단에 대하여 각 지역에서는 보조금, 추가 보조금, 최저 생활보장 지원금 등을 지급하며 도시와 농촌의 최저 생활보장기준을 높이도록 했다.

민정부民政部가 2020년 1월, 2월, 4월, 5월, 7월, 8월, 10월, 11월에 발표한 데이터[13]를 분석하면, 도시 최저 생활보장을 신청한

---

11 금신망(黔讯网), 「가족들이 코로나-19로 인해 격리되고, 후베이성 17살 뇌성마비 환자가 집에서 6일간 혼자 지내다 사망하다」, 2020.1.29.
   https://www.sohu.com/a/369482260_610793
12 「여성 뉴스, 2020년 여성 권익 연도 뉴스 보고」, 『중국여성뉴스』, 2021.1.6, 6판.
13 중화인민공화국 민정부(民政部) : 『통계월간』.
   http://www.mca.gov.cn/article/sj/tjyb/qgsj/

인원수는 지속적으로 감소하였지만, 농촌의 인원수는 지속적으로 증가하고 있다. 통계 데이터에 대한 분석 및 연구가 더 필요하다.

〈표 1〉 중화인민공화국 민정부 민정통계 데이터 · 사회

지표	단위	2020.01	2020.02	2020.04	2020.05	2020.07	2020.08	2020.10	2020.11
도시최저생활 보장인원수	만명	848.1	842.1	835.4	833.7	828.1	823.7	812.4	809.4
도시최저생활 보장 세대수	만세대	516.7	513	507.1	505.6	501.4	498.9	493.2	491.3
농촌최저생활 보장인원수	만명	3,471.0	3,468.3	3,512.6	3,541.8	3,599.1	3,603.7	3,603.5	3,610.5
농촌최저생활 보장 세대수	만세대	1,903.8	1,901.8	1,921.4	1,938.9	1,968.5	1,971.7	1,973.8	1,977.9

※ 데이터 출처 : 중화인민공화국 민정부 : 『통계월간』, http://www.mca.gov.cn/article/sj/tjyb/qgsj/

(4) 생산 회복 후 미성년 자녀에 대한 돌봄 정책

행정기관 및 기업체들의 정상 출근은 회복되었으나 자녀들이 학교 등교를 못하는 상황에 대하여 각 지역에서는 서로 다른 정책을 취했으며 실행상황도 차이가 있었다. 베이징시 인력자원 및 사회보장국은 2020년 1월 31일에 「코로나-19 예방을 위한 개강연기로 기업체 직원들의 미성년 자녀 돌봄기간 대우문제에 대한 공지」를 발표했다. 즉, "세대원 가운데 한 명은 집에서 미성년 자녀를 돌볼 수 있다. 이것은 정부 격리 조치 및 기타 긴급 조치로 인한 정상적인 노동을 제공하지 못하는 경우로 간주되므로 그 기간 동안의 월급 및 대우는 개인이 소속된 기업체가 정상 근무로 지불해

야 한다"고 하였다.[14]

2) 부녀연맹조직, 여성 민간 집단 및 개개인은 모두
   코로나-19를 대처하는 과정에서 적극적인 역할을 하고 있다

중화전국부녀연합회(아래 '부녀연합'으로 칭한다)는 중국에서 가장 큰 여성조직이다. 코로나-19 발생 후 각 지역의 부녀연합조직과 전국 여성의 힘을 모아 조직하여 적극적으로 여러 조치를 취해 코로나-19 감염예방을 했다. 또한, 여성 및 아동의 권익을 위해 노력하고, "국가정권의 중요한 사회적 기둥"[15]이 갖는 영향력을 발휘하여 코로나-19가 여성에게 끼치는 영향을 지속적으로 주의를 기울이며 양성 간의 평등 추진을 위해 계속 노력하고 있었다. 기타 민간 여성 집단도 지역 사회, 민간사회에서 활발하게 활동하고 있다. 새로운 여성 조직들이 코로나-19 상황에서 조금씩 더 성장하게 되었고 각종 대중매체와 소셜 네트워크는 이에 중요한 역할을 발휘하였다.

---

14 베이징시 인력자원 및 사회보장국, 베이징시 교육위원회, 「코로나-19 예방을 위해 개강이 연기됨으로써, 기업체 직원들이 미성년 자녀를 돌보는 기간의 대우 문제에 대한 공지」(경인사노자[2020]13호), 2020.1.31.
    http://rsj.beijing.gov.cn/xxgk/tzgg/202002/t20200203_1623049.html
15 『중화전국부녀연합회 규정』, 중화인민공화국 중앙인민정부, 2018.11.8.
    http://www.gov.cn/xinwen/2018-11/08/content_5338446.html

(1) 부녀연합의 코로나-19 감염 방지에 관한 제안

2020년 1월 코로나-19가 처음 발생했을 때 부녀연합은 즉각 코로나-19 감염 예방의 승리를 위해 여성의 힘을 모을 것을 제안하였다. 여성이 자리를 굳게 지켜 코로나-19 감염 예방에 중요한 역할을 해야 하며 사회적인 책임감을 갖고 감염예방을 위한 홍보원 역할을 담당하고 가정을 잘 지키면서 감염예방의 모니터 역할을 할 것을 요구하였다.[16] 그 후 부녀연합은 일련의 조치를 취하였는데 가장 먼저 전국의 여성들에게 우한을 위해 코로나-19 대응에 필요한 물품을 기부할 것을 호소하였다. 그리고 기층의 부녀연합간부들을 조직하여 감염예방 활동에 참여하였고, 가가호호 방문을 통해 감염예방 지식을 전달하는 한편, 교대로 마을 출입구를 지키고 독거노인을 돌봐 주는 등 온 힘을 기울여 코로나-19 예방관리에 만전을 기하고자 하였다. 각 지역의 부녀연합회는 코로나-19가 유행하는 동안 가정폭력을 예방하고 「가정폭력반대법」 실행을 추진하였으며 여성 및 아동의 권익을 보장하는 데 중요한 역할을 했다. 예컨대, 2020년 2월 15일 산서성부녀연합회는 「코로나-19 예방관리 기간에 여성의 권익을 확보하는 것에 대한 몇 가지 의견」을 발표하여 산서성 각 지역의 부녀연합 조직들에게 코로

---

16 「전국부녀연합회 제안 : 코로나-19 감염 예방의 승리를 위해 여성의 힘을 모이야 한다」, 2020.1.26.
http://news.fengone.com/f/20200126/609313.html

나-19 예방관리 기간에 발생할 가능성이 높고 여성 권익을 쉽게 해칠 수 있는 문제들에 주의를 기울이라고 요구하였다. 또한 각 지역의 부녀연합 조직들에게 관련 부서와 잘 협력하여 가정폭력 방지 업무를 철저히 수행하도록 명확하게 지시를 내렸다.[17]

(2) 민간의 가정폭력반대 조직의 활동들

우한시가 봉쇄된 뒤, 후베이성 젠리현監利縣의 여성 권익보호협회인 "푸른하늘 아래藍天下"는 가정폭력 사건이 증가한 것을 발견했다. 협회의 담당자인 완페이万飞는 이러한 상황에 대하여 "코로나-19 상황은 심리적 저항력을 떨어지게 하여, 공포, 우려, 불안, 슬픔, 절망, 예민 등 부정적인 감정을 불러일으킬 수 있으며 심지어 신체적인 반응도 야기할 수 있다. 예를 들어, 숨 막힘이나 심장이 두근거리거나 불면증, 근육긴장 등의 증상이 나타날 수도 있다. 장기간 자가 격리를 하게 되면 기존에 있던 갈등도 불러일으킬 수 있고 코로나-19로 인해 발생한 2차문제들이 새로운 갈등을 일으킬 수 있어 가정폭력 사건이 평소보다 증가하는 것은 필연적이다"라고 경각심을 촉구하였다.[18] '푸른하늘 아래'는 현지 부녀연합회,

---

17 「산서성부녀연합회 「의견」을 발표하여 코로나-19 방역 기간 여성 권익을 잘 보호하다」, 『산서일보』, 2020.2.17.
  http://shx.wenming.cn/yaowen/jj/202002/t20200217_5424838.shtml
18 야오펑(姚鹏), 「후베이부녀연합이 공익조직과 협력하여 코로나-19 상황에 가정폭력 사건을 신속히 처리하다」, 『중국여성뉴스』, 2020.3.27.
  http://www.women.org.cn/art/2020/3/27/art_20_164131.html

공안기관과 협력하여 코로나-19 방역 기간동안의 집안싸움 및 가정폭력 신고문제들을 매우 중시하였다.

'푸른하늘 아래'의 행동은 다른 민간조직의 주목을 받았다. 예컨대, 우한시 민간조직은 '가정폭력 예방주사'를 맞자고 제안했으며 또 SNS에서 '날마다 사랑ㅈㅈ愛 가정폭력 없애기'라는 블로그를 개설했다.[19] 「XX아파트 주민들은 가정폭력을 방지하자」는 제안서도 발표하였고 가정폭력에 반대한다는 캠페인이 SNS에서 광범위한 주목을 받았다.

(3) 디지털시대의 '자매들의 역병과의 전쟁战疫 안심행동'

코로나-19가 후베이성 우한에서 발행한 후 소셜네트워크에서 가장 크게 주목 받은 두 가지 주제는 바로 '여성노동자들을 보았다' 및 '자매 역병과의 전쟁战疫 안심행동'이었다.

여성위생용품이 처음엔 방역생활 필수품 리스트에 포함되지 않았기 때문에 일선 여성 의료진들은 위생용품이 많이 부족했다. 량위梁钰라는 한 여성 네티즌은 2020년 2월 7일부터 '자매들의 역병과의 전쟁안심행동'을 위한 모금과 기부협조 캠페인을 전개하였다. 블로그를 통해 홍보하여 2월 10일에 정식으로 '자매들의 역병

---

19 「날마다 사랑('천천애', 天天爱) 가정폭력을 없애기bot」, 2020.3.1.
https://m.weibo.cn/status/IwDKLdOzp?from=page_10050574003255
40_profile&wvr=6&mod=weibotime&type=comment&jumpfrom=wei
bocom#_rnd16122702119/2

과의 전쟁안심행동' 자원봉사팀을 만들었으며[20] 일선 여성의료진들의 생리건강을 위한 물품들을 제공해 주었다.

이 화제는 블로그를 통해 엄청난 영향을 불러일으켰다. 전국 부녀연합회와 산하 소속기관인 중국 여성발전기금회는 짧은 시간에 긴급하게 모금을 하여 일선 여성의료진들에게 생리대 등 여성위생 용품을 마련해 주었다.[21] 각 지역의 부녀연합회, 대학교, 민간조직, 개인 지원봉사자들도 행동하기 시작했다. '자매들의 역병과의 전쟁안심행동' 프로젝트가 강조한 것은 코로나-19 상황에서 여성은 보호받는 대상자가 아니라 재난에 대처하는 주체라는 점이었다. 자원봉사자들은 여성 의료진들의 일하는 모습뿐만 아니라 젠더적 관점에서 그 여성들이 업무 중에, 또 방역 현장에서의 받는 요구, 그리고 취약한 지위를(여성 자체 취약한 존재가 아니라 지원이 부족해서 그녀들을 취약하게 만들었을 뿐이었다) 목도하게 되었으며, 물질적 측면과 사회 인식측면에서 그녀들을 지원해 주고자 하였다.[22]

20 량위(梁钰), 「자매전역안심행동」, 블로그 "梁钰stacey".
    https://s.weibo.com/weibo?q=%23%E5%A7%90%E5%A6%B9%E6%8
    8%98%E7%96%AB%E5%AE%89%E5%BF%83%E8%A1%8C%E5%8A%
    A8%23&from=default
21 톈산레이(田珊檑), 「부녀연합조직이 일선 여성 방역 의료진들에게 여성위생
    용품을 지원해 주었다」, 『중국여성뉴스』, 2020.2.14.
    http://paper.cnwomen.com.cn/content/2020-02/14/067136.html
22 부웨이(卜卫), 「서언」, 자매전역안심행동지원팀, 「자매전역안심행동경험수
    첩 - 민간 자원봉사자경험 나누기」.
    https://pan.baidu.com/wap/init?surl=QG9tawdzootq79xVBkqtTw, 비
    밀번호 : 86sj

국가, 소속도시, 지역사회에서 권장한 마스크 착용, 체온 체크, 사회적 거리두기, 재택 등의 요구를 가정 및 개인들이 모두 비교적 잘 지켰다. 이 점 역시 중국에서 코로나-19가 신속하게 통제된 원인 가운데 하나였으며 중국에서는 모든 개개인이 코로나-19에 대처하는 주체였으며 바로 '집콕'이 코로나-19 방역에 기여하였다고 할 수 있다.

3) 중국이 코로나-19에 대처하는 과정에서 양성 평등이 직면한 도전

코로나-19 상황에 양성 간 평등화 정도는 점점 높아졌다. 즉, 여성은 가정 외의 사회활동에 광범위하게 참여하여 모든 공공영역에서 자신의 목소리를 내고 있으며, 우세가 형성되고 영향력이 생겨났다. 또한 여성의 가정 내 역할이 조금씩 바뀌고 있으며 남성이 점점 많은 집안일을 담당하기 시작했다.[23]

그러나 불평등한 전통적 성별문화와 실천은 여전히 보편적으로 존재하고 여성에게 많은 영향을 끼치고 있다. 구체적으로 첫째, 코로나-19 발생초기에 일선 여성 의료진들의 위생용품이 아주 부족했었다. 둘째, 집안일은 여전히 여성의 일로 간주되고 있다. 남자들은 집안 일을 하면서 여성을 '도와주는 것'으로 생각을 하는데 예를 들면, 쓰촨四川성 광위안广元지역의 짜오잉밍趙英明 간호사는

---

23 위쉐홍(喻雪红), 「코로나-19 상황에 여성의료진의 성별 곤경 및 그 논리적 성찰」, 『남화대학교 학보(사회과학 판)』, 2020년 3기, 24~25쪽.

자신이 우한방역을 자원하여 떠나기 직전에 그녀의 남편이 "짜오잉밍, 무사히 돌아와, 내가 일 년 동안 집안 일을 모두 해 줄게"라고 외쳤다고 말하였다. 그리고 네티즌들은 남편의 이 말을 "가장 아름다운 고백"이라고 칭했었다.[24] 셋째, 코로나-19 상황에서 여성의료진들에 대한 보도 및 대중 이미지를 구축할 때도 성 차별적 고정관념에서 벗어나지 못했다. 여성 의료진에 대한 보도는 주로 가정 내 역할이나 여성의 신체조건 등을 중심으로 보도가 되었으며[25] 각각 상이한 여성들의 다양한 삶과 요구에 대한 보도는 부족하였다. 넷째, 남성적 특성이 농후한 전쟁 언어가 주도적 지위를 차지하였다. 그 전형적인 사례가 바로 戰"疫"(역병과의 전쟁)이라는 단어의 사용이며 그와 관련된 표현들은 지천에 널려있다. 하지만 이런 상황에 대한 성찰은 극히 소수에 지나지 않는다.[26]

중국의 양성평등의 전체적인 발전 상황을 보면, 여성들은 의료진이나 기층업무 종사 영역에서 큰 비중을 차지하고 있다고 할 수 있다. 비록 쑨춘란孫春兰, 1950년생, 국무원 부총리, 리란쥐앤李兰娟, 1947년생, 과학기술원 원사, 백신 개발, 천웨이陈薇, 1966년생, 과학기술원 원사 등이 여성 지도자와 과학자들로 코로나-19에 대처하고 백신개발에 중요한 역할을 하고 있

---

24 Ibid.
25 팡린(房琳)·장린(张琳), 「코로나-19에 대한 보도 중에 여성의료진 신분표현 및 대중 이미지 구축─『인민일보』 공식 블로그를 예로 제시」, 『중화여자대학교 학보』, 2020년 4기, 55~60쪽.
26 차이이핑(蔡一平), 「코로나-19를 대처하는 언어 서사 구축」, '일대일로 및 여성발전 : 이론 및 경험 학술세미나', 2020.12.28, Tencent 온라인 회의 805397798.

기는 하나 전체적으로 보면 정책 결정 분야에서 여성의 비율은 여전히 낮다. 여성이 경제, 취업 등의 분야에서 겪는 무시가 사회에 뿌리깊게 박혀 있다고 하겠다.

3. 코로나-19 시기 중국의 양성 간 평등의제의 글로벌 정치적 의미

2020년 코로나-19 발생 이후, 중국은 코로나-19의 확산을 방지하는 데 큰 성과를 거두었다. 양성 간 평등영역에서도 노력을 많이 기울였고 성과도 많았다. 그러나 국제사회는 중국의 여러 성과에 대해 칭송하는 견해도 있는가 하면 의심하거나 심지어 질타하는 경우도 많다. 예컨대, 2021년 2월 10일 싱가포르의 『연합조간신문』에서는 "중국은 코로나-19확산을 성공적으로 막았지만 국제적인 영향력이 증가되지 못했을 뿐만 아니라 오히려 줄어들었다"라는 보도를 하였다.[27] 그렇다면 양성평등 연구자들은 향후 이런 논제에 대하여 어떠한 방식으로 연구를 해야 하는가? 필자는 코로나-19가 여타의 글로벌 정치 경제적 요인들과 상호 교차적

---

27 황샤오팡(黃小芳), 「학자 : 성공적으로 코로나-19 확산을 막았지만 중국의 영향력이 증가되지 못했고, 오히려 줄어들었다」, 『연합조간신문』, 2021.2.10.
https://www.zaobao.com/news/china/story20210210-1123119

영향을 받으면서 양성 간 평등 문제에 더욱 큰 위기와 심각한 시련을 주었다고 생각한다. 하지만 동시에 이것은 중국사회의 양성 간 평등을 이룰 수 있는 중요한 계기가 되기도 하였다. 뿐만 아니라 양성 간의 평등 논제는 중국이 글로벌 거버넌스global governance에 참여하는 데 추동적 역할을 할 것이라고 생각한다.

1) 양성 간의 평등은 중국이 세계와 연결될 수 있는 중요한 영역이다

남녀평등 사상은 마르크스주의 이론의 중요한 구성 부분이다. 중국공산당의 기본원칙이며 중화인민공화국 헌법의 원칙이기도 하여 "여성이 사회의 반을 감당할 수 있다"라는 말은 중국인들의 자랑스러운 구호가 되었다.

1995년에 제4차 세계여성대회와 비정부NGO 포럼이 중국 베이징에서 성공적으로 개최되었고 이 회의에서 통과된 『베이징 선언』 및 『행동 강령』은 전 세계 여성운동 발전 역사에서 이정표가 되었다. 베이징 세계여성대회는 당시 중국이 역사적으로 개최한 회의 가운데 가장 규모가 큰 국제회의였으며 1980년대 말에 서양 국가들이 중국에 취했던 경제제재를 깨뜨리는 중요한 계기가 되었고 중국사회의 양성 간 평등도 발전시켰다. 쟝쩌민江澤民은 이 회의의 개막식에서 남녀 평등은 중국의 기본적인 국가정책이라고 선포를 했다. Gender라는 단어가 하나의 분석 범주로서 중국에서 폭넓게 받아들여지게 되었으며 중국의 양성 간 평등 구호는 전

세계 여성 운동과 긴밀하게 결합하게 되었다.

베이징 세계여성대회가 끝난 지 20년 뒤, 시진핑은 2015년에 뉴욕에서 「전면적으로 여성의 발전을 촉진시키고 아름다운 세계를 함께 만들고 누린다」라는 제목으로 연설을 했다. 베이징 세계여성대회의 정신을 발휘하여 남녀평등과 전면적인 여성의 발전을 촉진시키기 위해 더욱 노력하겠다고 약속을 재확인한 것이다. 중국은 유엔 여성기구에다 1,000만 달러를 기부했고 양성 간의 평등과 관련된 대외 원조프로그램도 지원하겠다고 선포하였다.[28] 시진핑의 이 연설은 중국이 전 세계의 양성평등 문제에 적극적인 태도를 보여주는 상징이 되었다. "베이징 정신"과 세계여성대회의 유산은 중국이 국제적 협력과 글로벌 거버넌스에 참여할 수 있는 중요한 지지대가 된 것이다.

2) 코로나-19 상황에서 양성 간 평등추진은 중국이 글로벌 거버넌스에 심도 있게 참여할 수 있는 중요한 의제이다

2020년 10월, 시진핑은 국제연합 총회의 베이징세계여성대회 25주년 기념 특별회의에서 코로나-19, 여성 및 양성 간의 평등에 대한 중국의 견해와 구체적인 행동에 대해 연설을 하였다.

시진핑은 연설에서 코로나-19 방역을 일선에서 지키는 많은

---

28 시진핑(习近平), 「여성의 전면적인 발전을 촉진시키고 아름다운 세계를 함께 만들고 누린다」, 『인민일보』, 2015.9.28, 3편.

여성의료진들, 질병관리 관련자들, 과학기술자들, 지역사회 근무자들, 지원자들 등을 칭찬하였으며 여성들이 코로나-19의 영향에서 벗어나도록 지원하고 여성들이 시대를 앞서 나갈 수 있게끔 해주며 전 세계 여성사업들과 협력을 강화해야 한다고 강조했다. 그는 "우리는 전세계 여성사업을 지지하는 수준을 더욱 강화할 것이다. 향후 5년 내 중국은 유엔 여성기구에 1,000만 달러를 기부하고 중국에서 중국-유네스코 여성, 아동과 여성 교육상을 계속 설립하며 전 세계 여성, 아동과 여성 교육사업을 계속 지지할 것이다. 2025년에 전세계 여성대회GSW를 중국에서 다시 개최할 것을 제안한다"고 하였다.[29]

국제협력 및 대외원조영역을 보면, 중국정부는 2011년에 발표한 『중국의 대외원조』라는 백서에서 여성과 성별에 대한 의제를 언급하지 않았었다. 그리고 2014년에 발표한 『중국의 대외원조』백서에서는 여성에 대해서 한 번 언급을 하였지만 양성 간의 평등에 대한 문제는 언급하지 않았다. 그런데 『새로운 시대의 중국의 국제 발전 협력』이라는 백서의 제4장인 "유엔의 2030년 지속가능한 발전일정을 추진하고 실행한다"는 부문에는 "양성 간의 평등"이라는 주제가 특별하게 명시되어 있다.[30]

29 시진핑(习近平),「국제 연합 총회의 베이징세계여성대회 25주년 기념 특별회의에서 연설」, 중화인민공화국 국가 네트워크정보 사무실, 2020.10.1. http://www.cac.gov.cn/2020-10/01/c_1603111705218288.htm
30 국무원신문사무실,「새로운 시대 중국의 국제 발전협력」, 2021.1.

중국이 제4차 세계여성대회를 개최한 것과 시진핑의 2015년, 2020년의 유관연설, 그리고『새로운 시대의 중국 국제 발전 협력』이라는 백서에 이르기까지 일관되게 중국 정부는 양성 간의 평등이라는 의제가 국제적으로 지닌 중요성을 강조하는 태도를 보여 주었다. 중국이 인류운명공동체 구축을 위한 "일대일로" 계획을 제안하고 2025년에 전세계 여성대회를 개최하겠다고 제안한 것 들을 종합적으로 살펴볼 때, 중국은 양성 간의 평등 영역에 더 큰 역할을 발휘하겠다는 소망을 갖고 있다고 필자는 판단할 수가 있다. 동시에 실제로 그와 관련된 행동들도 이미 실행중이다. 이러한 판단의 근거는 중국이 2019년 9월에 발표한『평등, 발전, 공유 - 신중국 70년 동안 여성사업의 발전 및 진보』라는 백서의 내용을 통해 확인할 수 있다. 백서는 인류운명공동체를 구축하는 과정에서 중국의 부녀사업이 전세계 여성발전을 이끌어가는 역사적인 도약을 이루었으며 세계 여성운동에 중국의 방법과 역량을 보태었다고 하였다.[31]

양성 간의 평등은 전세계적으로 많은 공감대를 형성할 수 있는 의제 가운데 하나이다. 그 중요성은 이미 전세계적으로 광범위하

---

http://www.scio.gov.cn/zfbps/ndhf/44691/Document/1696699/1696699.htm

31 국무원신문사무실,「평등, 발전,공유 - 신중국 70년간 부녀사업의 발전 및 진보」, 중화인민공화국 중앙인민정부, 2019.9.19.
http://www.gov.cn/zhengce/2019-09/19/content_5431327.html

게 인식되고 있으나 코로나-19가 전지구적으로 확산되는 복합적인 배경 속에서 양성 간의 불평등상황은 확대되고 악화되었다. 글로벌 거버넌스라는 관점에서 코로나-19 상황 하에서 양성 간의 평등을 실천하고 달성하는 것은 중요한 의미를 지니고 있다. 그렇기 때문에 국내적으로 양성 간의 평등을 철저하게 추진하여 대외적으로 코로나-19 상황에서의 양성 간 평등의 "좋은 사례"를 홍보하는 것은 국내적으로는 양성 간의 평등을 달성하고 2030년 지속가능한 발전이라는 목표를 실현하는 것이며 중국의 글로벌 거버넌스 참여라는 측면에서도 중요한 의미를 지닌다고 할 수 있다.

4. 결론

이번 코로나-19 팬데믹 상황은 전세계의 정치, 경제 요소와 서로 중첩되고 영향을 끼치면서 기존에 있던 성차별 및 양성 간의 불평등 현상을 확대시켰다. 그러나 동시에 여성들이 코로나-19에 대처하고, 사회 경제적 발전을 회복시키는 데 중요한 역할을 발휘했다는 것 또한 보여 주었다. 이런 상황에서 이미 달성한 성과를 인정한다는 전제 하에 중국이 직면한 도전을 직시하고 중국내의 양성 간 평등의 발전과정을 적극적으로 추진하며 전세계 사람들에게 양성 간의 평등이라는 관점에서 중국이 코로나-19대처과정에서 보여준 방법들을 훌륭하게 홍보하는 것은 중국의 대외적 영향력을 향상시켜 글로벌 거버넌스에 참여하도록 하고 중국의 매력을 높여 선도적 국가라는 의미를 부여하는 좋은 방법이다. 뿐만 아니라 중국 내적으로 양성 간의 평등을 적극적으로 탐색하고 촉진시키는 좋은 계기와 방법이 될 것이다.

3

중국의 코로나-19 방역의 특징과
'담론화' 방식

김미란

1. 들어가며

2019년 말 중국 우한에서 코로나-19가 발생한 이래 중국은 현재까지 90,686명의 확진자와 4,636명의 사망자(2021년 5월 2일)[1]를 기록하였으나 중국정부는 코로나가 2020년 9월 8일에 사실상 종식되었다고 선언하였다.[2] 그러나 세계는 15억이 넘는 확진자(152,924,404명)의

---

1   COVID-19 Dashboard, https://coronaboard.com/global/
2   「신규 확진자 '0' 행진에 종식선언까지…중국 실상은」, 2020.10.10.
    https://www.yonhapnewstv.co.kr/news/MYH20201010006600038
    시진핑은 호흡기전문가인 종난산(钟南山)을 코로나극복 유공자로 표창하고
    '우리는 코로나와의 전쟁에서 승리하였다'고 선언하였다.

확진자와 320만3,208,758명의 사망자 숫자를 갱신하며 돌파감염이 확산하는 등 재난은 현재진행형이다.

코로나가 발생한 지 1년 반이 경과한 지금, 코로나-19에 대한 지구촌의 관심사는 확진자 숫자로부터 백신접종률로 바뀌었다. 세계는 백신을 확보하여 집단면역을 할 수 있는 나라와 그렇지 못한 나라로 나뉘었으며 백신이 재난을 종식시킬 수 있는 유력한 해결책으로 간주되어 부스터샷을 포함하여 국가별 독점 양상을 보이고 있다.[3] 영국의 백신 1차 접종률이 60%를 넘고 미국이 53%(4월 29일 기준)에 달하여 집단면역 가능성이 가시화되자 초기에 마스크쓰기와 거리두기를 거부하여 방역에 실패한 미국과 영국 등을 향해 쏟아졌던 서구식 '자유'에 대한 비판은 수그러들었다. 오히려 '부유한' 첨단 과학기술력을 지닌 '선진국'의 힘이 부각되었으며 역으로 그동안 자발적 거리두기를 통해 방역모범국이라 평가받던 한국, 타이완과 같은 동아시아방역모델의 가치는 퇴색되고 있다.[4]

중국은 거리두기를 통한 예방과 백신접종 두 측면에서 모두 성공적이었다. 2021년 4월 현재 하루 확진자 수가 10명 내외로 발생

---

3 「CNN 보도 "미국·영국, '백신 도박'에 크게 걸어 크게 땄다"」.
http://www.munhwa.com/news/view.html?no=20210417MW211201984350
화이자는 백신실험에 참여했던 국가들을 배제하고 백신을 미국과 영국에 공급하였다.
4 한국, 일본, 호주, 뉴질랜드, 대만 백신접종률 비교.
https://www.clien.net/service/board/park/16100988

하고 있고 중국정부는 발생사례의 90% 이상이 외국에서 유입된 '변종' 코로나이기때문에 우한발 코로나는 종식되었다고 판단한다. 중국정부는 코로나-19 방역의 '조기 성공'을 지렛대로 하여 발생초기의 정보은폐에 대한 국제사회의 비난과 책임론[5]으로부터 벗어나 방역 선진국임을 입증해보이고자 국내외의 신속한 백신보급에 힘을 기울이고 있다. 속도전을 불사하는 접종정책으로[6] 중국정부는 자국민 가운데 1억 8천만 명에게 백신을 접종(4월 30일 기준)하였고 헝가리,[7] 인도네시아, 브라질에 백신을 수출함으로써 미국의 백신 독점을 비판하고 자신들의 백신공유를 홍보하고 있다.

그러나 중국의 백신 해외 공급에 대한 중국과 미국의 해석은 판

---

5 제인 맥뮬런, 「코로나-19 : 중국의 초기 대응이 달랐다면… 팬데믹의 운명을 결정한 5일」.
   https://www.bbc.com/korean/international-55821415
   BBC의 이 기사는 중국이 세계보건기구(WHO)에 전염병발생 24시간 이내에 보고하도록 한 규정을 준수하지 않고 1월 13일에야 유전자염기서열 정보를 공개하였다고 비판하였다. 그리고 중국이 비공개한 이유를 중국국가위생건강위원회에서 중국의 모든 의료 기관에 이 질병에 관한 정보를 발설하지 말라는 금지령을 내렸기 때문이라고 설명하였다.

6 「我国已接种新冠病毒疫苗18736.8万剂次」.
   http://baijiahao.baidu.com/s?id=1697270848033564822&wfr=spider&for=pc
   기사하단에 달린 댓글에는 농촌에서 접종을 꺼리는 분위기가 농후하여 접종률을 높이기위해 정부로부터 식용유, 세제, 비누 치약을 선물받았다는 내용이 종종 발견된다. 그러나 백신은 일차적으로 도시주민 우선으로 접종되고 있으며 70%에 달하면 집단면역이 이루어진다고 보며 베이징은 2021년 6월 중순 80% 접종으로 집단면역에 이를 것이라고 한다.

7 「新一批中国疫苗到了, 继总统总理之后, 这国外长也来接机了!」.
   http://www.idaphne.com/read/385218

이하다. 인도에 대한 백신지원을 둘러싸고 중국은 자신들이 '인류 공동체'의 운명을 위해 국경를 구분하지 않고 재난극복에 협력하고 있다고 설명하는 반면, 미국은 중국이 지리적으로 정치적 영향력을 확장하기 위한 수단으로 백신을 이용하는 '백신외교'를 벌이고 있다고 비난한다.[8]

이와 같이 코로나-19는 단지 전염병에 대한 국민국가의 관리 능력을 넘어 중국과 미국사이에 글로벌 리더의 '주도권'을 다투는 '담론의 전장'으로 바뀌었다. 그러나 이 전장은 이미 트럼프집권 시기 화웨이를 둘러 싼 중미간의 무역전쟁의 연장선상에서 형성된 것으로 이 충돌의 핵심에는 '보편적 가치'라고 간주되어 온 서구식 자유민주주의에 대한 중국의 불인정과, 세계를 향한 중국식 해결방식에 대한 인정요구가 놓여 있다. 서구 민주주의의 '자유' 개념이 더이상 보편적 가치를 지닌 유일한 진리가 아니라는 인식의 저변에는 중국이 경제성장과 성공적인 방역을 통해 서구적 방식이 아닌 자신들의 방식으로 문제해결 능력을 입증했다는 '자신감'이 놓여 있다.

중국정부는 코로나 방역과정에서 '자유'가 아닌 '생명'을 우선시하는 정책을 택하여 성공하였다고 설명한다. 그리고 경제발전

---

8 「중국 네팔에 백신 50만회분 지원…인도와 '백신외교' 경쟁」, 2021.2.6.
   https://www.yna.co.kr/view/AKR20210206036500077
   「外媒 : 印度成中美"新战场"」.
   http://www.mnw.cn/news/world/2417629.html

에 있어서도 서구가 수 백년에 걸쳐 이룬 것을 개혁개방 40년 만에 이루었기 때문에 세계인들이 '중국의 길China's Road, 中國道路'[9]을 인정해야 한다고 주장한다. 중미 간의 무역갈등은 코로나를 계기로 문명적 가치에 대한 충돌로 확장되었으며 이는 '민주'를 둘러싼 중국과 서양간의 제도적 우월성 경쟁 양상으로 나타나고 있다.

중국의 백신수출은 이러한 인정투쟁의 한 방식이기 때문에 중국의 코로나-19 방역은 미국과 함께 '글로벌 리더'가 되고자 하는 중국의 욕망과 분리되어 논의될 수 없다. 이에 이 글은 코로나-19 방역 '성공'의 원인이 아닌, 중국의 코로나 방역방식의 특징과 민간의 수용 및 대응양상을 살펴보고자 하며, 이를 통해 시진핑시대 중국사회 관리방식과 그 담론화방식을 읽어내고자 한다. 분석대상은 2003년의 사스SARS를 계기로 중국사회에 구축된 재난대응지침인 「돌발재난 응급예방」[2007]이 코로나-19발생 이후 관방과 민간에 의해 수행, 수용되는 과정이다. 이를 통해 '방역 성공'이 시진핑시대 '중국의 글로벌 리더'담론에 활용되는 측면을 살펴보고 그와 함께 부상한 '사회정의'에 대한 성찰적 견해도 살펴보고자 한다.

현재까지 중국의 코로나-19에 대한 연구는 대략 네 가지로 나누어볼 수 있다. 첫째는 코로나발생 이후의 전개양상을 정리하고 조

---

9 '중국특색의 사회주의가 걸어온 길'이라는 뜻으로 '중국모델'의 실질적인 내용이다.
http://www.xml-data.org/XNSYDXXBSKB/HTML/2014-2-97.htm

기 방역성공의 원인을 분석한 글이다. 이 연구는 다른 나라에서는 존재할 수 없는 중국의 강력한 중앙집권 통치시스템이 방역성공의 원인이라고 설명하며 이런 관점은 서구에서 동아시아방역 성공모델을 '아시아적 통제시스템' '순응주의'로 보는 견해와 상통한다. 그러나 중국의 강력한 정부중심의 통제방식은 양날의 칼과 같아서 초기에 중국정부가 코로나-19 발생 정보를 은폐함으로써 바이러스가 전 세계로 확산되도록 한 원인으로 지목되기도 하였다.

둘째는 중국의 코로나-19 팬데믹의 원인이 글로벌한 경제네트워크가 확대된 상황에서 필연적으로 발생할 수밖에 없다고 보는 글로벌 경제의 양면성을 중심으로 한 설명이다. 리잉타오의 입장이 대표적인데, 이 입장은 우한과 같이 국제적으로 잘 알려지지 않은 중급도시에서 코로나가 발생하게 된 원인을 글로벌 네트워크의 필연적 결과로 본다. 그는 우한발 코로나-19는 야만적인 야생동물 식용 때문이 아니라 사스 등과 같은 기존의 전염병이 글로벌 교역의 중심지인 광둥성에서 빈발하다가 글로벌 네트워크가 확장됨에 따라 내지인 우한에까지 확장된 결과라고 해석한다. 이러한 글로벌 경제론은 두 가지 측면에서 효과를 발휘하는데, 첫째는 코로나-19 '우한발생설'에 책임을 희석시키는 것이다. 즉, 현재 중국에서 빌생하고 있는 코로나-19 대부분이 국외에서 도입된 '변종'으로 주요 감염발생지가 농촌, 혹은 항구도시와 같은 외부와의 '접촉지대', 즉, 국내발이 아닌 해외에서 수입한 냉동식품과

외국인노동자를 통해 유입된 '변이종'이라는 중국정부의 보도에 힘을 실어준다. 그러나 글로벌 네트워크이라는 논리를 견지하면 글로벌화한 인적, 물적 네트워크이 존재하는 한 코로나-19는 쉽게 종식될 수 없다는 결론에 이르게 된다.

셋째, 코로나 이후의 세계경제의 변화와 중국의 대응방식을 전망한 글이다. 대표적 논자는 원톄쥔溫鐵軍으로 그는 코로나로 인하여 선진국이 제조업물품 부족 등 신자유주의로 인한 폐해를 자각한 결과 향후 세계경제는 북미, EU, 중국 중심의 세 경제 블럭으로 재구축될 것이라고 예측한다. 각각의 경제블럭은 자본과 노동, 기술 세 요인을 갖춘 삼각형 구조로 이루어진 '글로컬라이제이션' 방식으로 동아시아에서는 자본과 기술을 가진 중국과 일본, 한국이 중심이 되고 동남아국가들이 따라오는 구조가 될 것이라고 본다. 또한 글로벌화에 대한 대안으로 중국은 식량자급화를 위해 농촌중심의 자급경제를 구축할 것을 촉구한다.[10]

네 번째는 위의 세 가지 접근법의 결과이자 종합으로, 중국과 서구사이에 문명적 가치, 혹은 제도를 둘러싼 경쟁을 다룬 관점이다. 코로나-19 대응방식을 둘러싸고 서구적 '민주주의'와 '중국의 길' 간의 문명, 혹은 제도경쟁으로 보는 이 관점은 중국내외에서 활발하게 논의되고 있는데 중화권의 대표적인 논자는 친후이秦

---

10 안희경, 「위기 이후 어떤 세계화가 도래할 것인가?」, 『오늘부터의 세계—세계 석학 7인에게 코로나 이후 인류의 미래를 묻다』, 메디치, 2020, 63쪽.

^暉이다. 그는 중국의 방역의 특징을 중국사회의 '낮은 인권의 우위'라는 개념으로 설명하며 생명과 자유를 위한 선택권을 개인이 아닌 국가가 갖고 있다는 점을 문제라고 본다.[11] 코로나-19방역을 통해 강력한 통제식 거버넌스의 효율성을 확신하게 된 중국정부는 향후 '중국의 길^{中國道路}'을 미국중심의 '자유민주주의'와 차별화된 하나의 '선진적 문명'으로 구성해나가고자 한다.

이 글의 분석은 네 번째 문화적 접근과 맥을 같이 한다. 도시와 농촌현장에서 발생한 '사건'으로서의 코로나와 그에 대한 재현과 정책에 대한 대중들의 대응양상을 살펴봄으로써 '중국식'의 의미가 무엇인지 이해하고자 한다.[12]

2. 방역 현장 – 바이러스와 '전쟁'하는 민 – 관

2003년에 광동성에서 발생한 사스^{SARS}는 전 세계 확진자 8,000명 가운데 중국인이 5,300명을 차지하여[13] 중국이 대외적으로 경

---

11 孟鴻志, 「以习近平法治思想推进公共卫生应急法治体系建设」, 『南京社会科学』, 2021年 第3期.
중화권의 대표적인 지성인 친후이(秦暉)도 제도경쟁이라는 관점에서 코로나 효과를 해석한다. 친후이, 제8장 「전염병 이후의 전지구화 : 코로나19 사태와 '제도'의 문제」, 백영서 편, 『팬데믹이후 중국의 길을 묻다』, 책과 함께, 2021.
12 「文 '백신사재기' 비판에…美국무부 "우선순위는 팬데믹 종식"」, 2021.4.28. https://news.v.daum.net/v/20210428163758876

제적 고립위기까지 겪었던 재난이었다. 중국정부는 이를 계기로 전염병관리에 대한 인식을 대폭 전환하게 되었다.[14] 팩스로 전염병상황을 보고하던 기존 시스템은 디지털방식으로 바뀌었으며 기존에 임시적으로「중화인민공화국 전염병방지법」과「중화인민공화국식품위생법」을 통해 관리해오던 전염병을 2007년에 정식으로 지진,홍수 등과 통합하여 재난대응을 법제화한「돌발사건대응법突發事件對應法」[11.1]으로 통합관리하기 시작하였다. 코로나-19는 사스 이후 만들어진「국가 돌발 공공사건의 총체적인 긴급예비방안国家突发公共事件总体应急预案」2006, 이하 '예방방안'[15]에 따라 방역이 진행되었으며 '예방방안'의 특징은 '인간을 우선시한다는 원칙하에 손실을 줄이는 사전 예방과 엄격한 통제, 그리고 중앙의 영도 하에 현지에서 직급별로 책임을 진다'라는 내용으로 요약된다.

중국에서 코로나-19의 예방과 관리는 사람의 이동을 금지하는 봉쇄를 통해 이루어졌다. 2020년 1월 말부터 2월 초까지 27개의 도시가 봉쇄되고 2월 말까지 246개 지역이 봉쇄되었다.[16] 봉쇄 현

---

13 「사스・메르스 대응 어땠나①] 대통령도 감동시킨 참여정부 '사스(SARS)' 방역」, 2020.1.26
https://n.news.naver.com/article/014/0004363164?lfrom=band
14 「중국 경제 '사스 합병증'」, 2003.4.6.
https://news.joins.com/article/148597
15 지진 화재 전염병 테러와 같은 돌발적 재난을 총괄하는 원칙. 특징은 예방을 위해 통제와 관리를 엄격하게 하는 데 있다. 강령은 ①以人为本, 减少危害. ②居安思危, 预防为主. ③统一领导, 分级负责. ④依法规范, 加强管理. ⑤快速反应, 协同应对이다.

장의 관리방식을 파악할 수 있는 대표성있는 자료로는 팡팡方方의
『우한일기武漢日記』[17]와 지방의 소도시인 안휘성의 페이동현肥东县 의
방역을 분석한 학위논문『돌발적 공공위생사건에 대한 지방정부의
응급관리연구－페이동현의 코로나 예방 통제사례』[18]를 들 수 있다.

『우한일기』는 소설가 팡팡方方[19]이 상주인구 900만의 도시 우한
이 봉쇄된 뒤, 현지 주민의 신분으로 가족과 이웃의 일상, 의료진
과 정부의 대응과 미디어 통제 등을 기록한 60일간의 일기이다.[20]
우한봉쇄는 코로나-19가 '사람과 사람 사이에서 전파가 된다'고
최초로 인정한 종난산의 발언(2020년 1월 20일) 직후인 1월 23일에
이루어졌다. 우한은 4월 8일까지 총 76일 동안 사람과 차의 이동
이 중지되었고 5만여 명의 확진자와 사망자가 속출하여 중국 전
체 피해자 가운데 80%를 차지하였다.[21] 이러한 피해가 발생한 직

---

16 蔡窈·张丹丹·刘雅玄,「新冠肺炎疫情对中国劳动力市场的影响——基于个体追
    踪调查的全面分析」,『经济研究』2021年 第2期, p.12.
17 팡팡, 조유리 역, 원제는『武汉封锁日记』(문학동네, 2020). 이하 출처표기는
    e-book인 관계로 쪽수가 아닌 %로 표기한다.
18 胡正飞,『突发公共卫生事件地方政府应急管理研究—以肥东县新冠肺炎疫情防
    控为例』, 安徽财經大學碩士論文, 2020. 본인이 검색한 바에 의하면 최초의 학
    위논문으로, 코로나-19 방역현장정보를 풍부하게 담고 있다.
19 1955년생으로 본명은 汪芳이며 후베이(湖北)성 작가협회 주석을 역임하였다.
    주요 작품세계는 지식인의 시각으로 도시생활의 명암을 묘사한 것이며 증외조
    부 杨赓笙은 국민당 원로였다.
20 『우한일기』는『수확(收获)』잡지 편집장의 제안으로 쓰여졌다.
21 우한시의 공식통계 확진자는 5만여 명이었으나 2020년 중국정부의 시민 혈액
    검사결과로 나온 양성반응자를 근거로 계산하면 그 10배인 50만 명이 감염되
    었을 것이라고 한다. https://imnews.imbc.com/replay/2020/nwtoday/a

접적인 원인은 정부산하 의료전문가가 현장조사를 한 뒤에 '사람 간에 전파가 되지 않으며 막고 통제할 수 있다人不傳人, 可防可控'라고 발표하고 주민들이 그 말을 믿어 의료진이 방호복을 입지 않고 진료를 하고 시민들이 평상적인 활동을 했기 때문이었으며 바로 그 20일 사이에 희생자가 폭발하였다. 『우한일기』는 이러한 '인재' 가 발생하게 된 원인을 지적하고 책임을 추궁하는 한편, 작가가 현지 주민의 신분으로 '우한이 무너지면 중국이 무너진다'는 위기 감과 공포 속에 하루 하루를 견딘 내용을 담고 있다.

저자는 의료진이 감염과 과로로 사망하고 이웃 주민이 병상이 없어 길거리에서 죽어가는 것을 보며 "지독한 무력감을 느낀다. (…중략…) 우리가 힘을 내는 것 외에 무엇을 할 수 있겠는가? 우리에게 환자를 도울 방법이 없고, 오직 우리 앞에 놓인 것을 직면하고 다가오는 것을 견딜 뿐이다"[15%]라며 자포자기적 심정으로 봉쇄를 받아들인다. 그러나 자가용 보유율이 낮았던 우한시에서 대중교통운행이 중지되자 환자들은 걸어서 병원을 찾아다녔으며 저자는 이러한 참상을 보고는 그 '원인'을 날카롭게 비판하였다. 즉, 시민들이 "사람 간 전염이 되지 않는다"고 알고 있었던 그 기간이 바로 우한시가 바쁘게 정부의 양회兩會를 준비하면서 '부정적인 소식을 발설하지 못하도록' 했던 시기였다고 저격한 것이다. 그는

---

rticle/6043547_32531.html

'무서운 사스' 초기에 정부가 발병을 은폐하여 급속하게 확산된 시기가 겨울에서 봄으로 가는 3월 초의 양회[22] 개최시기였다는 점을 지적하고 그것과 동일한 비극이 2020년 우한에서 반복되었다는 점에 분노하며 코로나-19가 '인재'라는 점을 강조한다.

일기에 따르면, 실제로 중국정부는 1월 20일에 '사람 간에 전염이 된다'라는 사실이 공표되기 전인 1월 14일에 이미 후난성의 관료들과 함께 내부회의를 개최했었다. 회의 참석자들은 '타지역으로의 전파를 막기 위해 우한을 통제해야 한다'고 논의하였지만 이 회의 내용을 기밀에 붙였으며 은폐한 바로 그 기간동안에 수많은 의료진이 감염되고 평상시처럼 공연을 진행했던 예술가들이 감염되어 사망하였다. 팡팡은 그 시기에 '병원책임자들이 왜 말을 하지 못하도록 막았는가'라며 분노한다. 그리고 그런 상황에서 의사 리원량李文亮이 '그들이 말을 못하게 한다고 해서 우리도 말을 안 해? 우리는 의사잖아. 우리에게도 책임이 있지'[23]라고 하며 진실을 폭로하였던 것이며, 팡팡은 의사 리원량이 정부로부터 어떠한 사과도 받지 못한 채 사망한 것을 애통해한다.

60일 동안 웨이보에 남긴 팡팡의 일기는 기록 도중에 빈번하게

---

22 '양회'는 중국에서 매년 3월 초, 혹은 5월 초에 거행되는 정치행사로 전국인민정치협상회의(全國人民代表大會 : 약칭 전인대)와 전국인민정치협상회의(全國人民政治協商會議 : 약칭 징협 또는 인민정협)의 약칭이다. 양회를 통하여 중국 정부의 운영 방침이 정해지기 때문에 중국 최대의 정치행사로 주목을 받는다.
23 팡팡, 앞의 책, 11%.

삭제되었다. 중간에 본인의 인터넷 계정이 삭제되자 팡팡은 동료의 계정을 빌려 계획했던 대로 60일간의 일기를 완성하였다. 3월 20일 봉쇄 58일차인 3월 20일 팡팡의 일기에는 베이징대학의 교수인 장이우張頤武[24]가 팡팡을 지목하여 비판한 내용이 실려 있다. 그는 "꾸며낸 이야기로 그녀를 믿는 독자들을 속여서는 안 된다"고 팡팡을 비판하였다. 팡팡은 '거물급'인 장 교수의 비판을 받고 나니 42년 전인 1978, 9년 개혁개방초기에 벌어졌던 논쟁이 떠오른다고 하였다. 그는 '사회의 진실과 어두운 면을 쓰면 안 되는가, 되는가?'라는 논쟁이 지금 재연되고 있다고 하며 씁쓸하다고 기록하였다. 또한 언론에서는 팡팡에게 '왜 밝고 안정되어가는 우한의 모습을 쓰지 않고 사망자의 핸드폰을 사진으로 유포시키면서 거짓말로 공포를 조장하는가?'라고 비판을 하였으며 인터넷 인플루언서들도 줄줄이 가짜뉴스유포혐의로 그를 고소하였다. 이러한 공적, 사적 미디어의 공격행태에 대하여 팡팡은 바로 이러한 비난들이 '나라를 망하게 하는 극좌주의'라고 하며 직격탄을 날렸다.[25]

팡팡은 관료와 병원책임자들이 사실을 '숨긴 것'과 검열을 통해 글을 '삭제하는 것'을 동일한 기만행위라고 비판한다. 자신은 작가이기 때문에 의사 리원량처럼 본업에 충실하여 기록을 남기고 있는 것이며, 미디어는 코로나보도를 할 때 감염자의 (줄어드는) '숫

---

24 1962년생으로 베이징대 중문과 교수이며 중국 政協위원이다.
25 팡팡, 앞의 책, 11%.

자'만을 주목해서는 안 된다고 비판을 한다. 언론의 역할은 그 누구도 책임을 지지 않고 있는 '인재人災'에 대하여 사실을 '숨긴 자'들과 그 뒷배들에게 책임을 묻는 것이며, 자신은 비록 현역에서 물러난 늙은 작가이지만 "법정 싸움을 할 기력은 자신에게 남아있다"고 글을 맺었다.

『우한일기』는 지식인의 눈으로 관료들의 보신주의와 오만이 초래한 '인재'를 비판하는 데 초점이 맞추어진 글로 '진실'을 드러내는 데 목적이 있었다. 이와 달리 2021년에 출간된 후정페이胡正飞의 논문은 인구 100만 명의 농촌지역의 방역을 분석한 글로 이 두 자료는 도시와 농촌의 방역 차이, 그리고 '전시에 준하는' 긴급 방역이 실제로 어떻게 전개되었으며 그것에 대한 민간의 반응은 어떠하였는가를 살펴볼 수 있는 자료이다. 특히 후자의 논문은 인구가 분산되어 있고 문화적 수용력이 낮은 농촌사회의 현장을 담고 있기 때문에 양자를 검토하는 것은 도농을 아우르는 이해에 도달하는 데 유용하다.

페이동현은 안휘성 중부에 위치한 농촌으로 그 하위에 쩐鎭과 최하위 말단 행정조직인 향鄕이 있다. 2020년 1월 23일에 최초 확진자가 발생하자 현정부는 1월 25일에 1급 경보를 발령하여 일체의 공공시설물(영화관, pc방, 도서관)을 폐쇄하고 우한에서 귀향한 사람을 격리수용하였다. 1월 30일에는 고속도로 매표소를 봉쇄하고 2월 4일에는 시내버스, 택시와 같은 근거리 이동수단운행을 중지시켰으며 감염발생지역의 인적 유동은 물론 도로를 전면 차단하였다. 그리고 2월 3일에 1호 확진자가 완치되자 2월 27일에 경보를 2급으로 낮추었고 3월이 되자 신규확진자가 0명이 되었다. 3월 20일까지 누적 임상치료중인 환자는 134명이었다.

농촌지역은 도시와 달리 사람들이 흩어져서 거주하며 고령층이 많고 의료자원과 인적 자원이 절대적으로 부족하다. 이러한 농촌에서 전염병을 예방하기 위해서는 선전계몽이 중요하기 때문에 현정부는 2020년 1월 21일에 TV와 선전차, 신문과 선전화(그림)를 통해 예방지식을 전달하고 외출과 집회를 취소하도록 하였다. 이를 담당한 간부들은 외부에서 현으로 차출된 사람들이었으며 이들은 현지간부와 함께 가장 우선적으로 인터넷의 가짜뉴스를 색출辟謠[26]하는 '사상전'에 집중하였다. 공장과 상가, 학교를 폐쇄하고 교통을 전면 중단시키자 사람들은 전화와 인테넷으로 소통하였으며 대중들은 짧은 동영상인 중국판 틱톡인 '도우인斗音'을 통해 현장정보를 공유하였다.[27] 급히 차출된 간부들은 기술적으로 뉴미디어를 사용하는 데에 익숙하지 않은 데다가 통계수치를 공유하는 기술적 처리도 서툴러 주민들과 소통이 잘 되지 않았으며 이들이 사용한 전통적 방법인 TV, 선전차 등은 효과가 적었다. 차

---

26 '베이징시 인터넷 연합 가짜뉴스 반박 플랫폼(北京地区网站联合辟谣平台)'
    은 2013년 8월 1일에 운영이 시작되었으며 바이두, 소우고우, 시나 등 6개
    플랫폼이 연합하여 결성되었다.
27 胡正飞, op. cit., p.33.

량부족과 전통매체의 선전효과가 적다는 것을 파악한 현정부는 2
월 4일부터 동영상 '도우인'을 통해 계도를 하여 효과를 높였다.[28]

둘째로 봉쇄과정에서 현정부는 현급의 「예비방안」에 따라 '그물
망식' 방법으로 외부유입자와 감염자를 색출하고 주택지역을 격자
식網格管理, 管严住宅区으로 구획하여 엄격하게 감시하였다. 봉쇄대상인
399개의 거주지역에 한 개의 출입구만 개방하고 주민에게 출입증
을 발급한 뒤 각 가정에 이틀에 1명의 성인이 물품구매를 위해 외
출을 할 수 있도록 하였으며 건물 외부에는 지역간부와 주택(아파
트)관리회사, 경찰, 의료인원이 24시간 감시를 하였다.[29] 우한도 이
와 동일한 방식으로 통제되었으며 이 네 분야의 인력이 '기층조직
의 전투보루' 조직이 되었다. 이들은 '은닉자를 추적조사하여 엄격
하게 물샐틈없이 조사하고 격자식으로 거주지를 나누어 관리' 하였
으며 페이동현에서 관리를 위해 동원된 인력은 1만 명이었다.

이러한 관리방식의 가장 큰 문제점은 봉쇄의 남용이었다. 현지
인력이 아니라 외부에서 급조하여 파견된 비전문가들로 구성된
방역관리자들은 성과를 내기 위해 가장 손쉬운 방법인 '도로 봉쇄
封路'를 택하였다. 이들 관리자들은 농촌사회가 인구분산적이고 노
인이 다수를 차지한다는 점을 고려하지 않고 무작위로 도로를 봉
쇄하여 화재출동, 출산 등 긴급한 상황에서 주민들과 빈번하게 충

---

28 Ibid, p.35.
29 Ibid, p.36.

돌하였다. 그리고 임시용으로 방학중인 대학생들을 자원봉사자로 활용하였는데 책임감이 높지 않았던 외부인력들은 가장 우선적으로 도로봉쇄 방식을 택하였으며 또 낮에는 페이동현 관리들과 '꽌시'를 맺으러 다니는가 하면 밤에는 외출을 하여 관리자가 자리를 비우는 일이 종종 발생하였다고 한다.

현정부의 선전과 엄격한 관리에도 불구하고 농촌주민들은 소양이 낮아 긴급상황에 대한 관리가 쉽지 않았으며 주민들의 자발성도 낮아 방역은 국가의 행정력에 의해 주도되었다. 그 결과 농촌지역에서의 방역은 형식화하여 대충대충 주마간산식으로 처리되는 상황이 종종 발생하였다.[30]

흔히 전염병은 '전쟁'에 비유된다. 홍콩의 학자 친후이秦暉가 '코로나-19와 전쟁을 한다'라고 한 중국정부의 보도에 대하여, 이를 바이러스를 소탕하기 위한 '은유적 표현'이라고 한 것이 그러한 일례가 될 것이다.[31] 그리고 2003년 사스 당시 노무현정부가 공항 입국장부터 전국의 중국인 입국자 23만 명을 추적조사한 것을 '전쟁처럼 치렀다'라고 한 국내의 보도 역시 그러한 예이다. 그러나 페이동현과 우한시가 공산당 총괄하에 전시와 동일한 '총력전'을 벌여 봉쇄를 통해 코로나와 전쟁을 벌인 양상은 '은유'를 넘어선 지점이 있기 때문에 별도의 고찰이 필요하다.

---

30 Ibid., p.11.
31 친후이, 앞의 글, 백영서 편, 앞의 책.

전쟁프레임을 방역에 활용한 것은 『인민일보』였다. 신문은 질병에 대한 '방어'와 '저항'이라는 프레임을 다음과 같이 제시하였다.

각각의 당·정·군·민기관과 기업 등은 긴급하게 행동을 취하여 온 힘을 다해 전투에 분투하며 광대한 의료인력은 사심없이 봉사헌신하고 용맹하게 싸운다. 광대한 인민군중은 뜻을 모아 단결하여 분투하고, 방역이라는 인민전쟁 전투를 개시하고 방역 총력전을 개전함으로써, 전국에 걸쳐 전면적으로 동원하고 전면적으로 배치를 하여 방역업무를 전면적으로 강화하는 국면을 형성한다.[32]

『인민일보』는 전쟁이라는 단어와 함께 반복적으로 '저지전', '보위전', '교착상태', '기습', '준동', '권토중래', '적敵', '침략侵'이라는 용어를 사용하였으며 이러한 표현들은 모택동의 '지구전론'에서 사용된 용어들이었다. 이러한 전쟁은유는 전시와 같은 긴장감을 조성하여 사람들을 '복종'하게 만들고 감염된 자를 '적'으로 상정함으로써[33] '희생'을 강제하는 효과가 있는데, 중국의 경우 주목할 점은 확진자들이 자기자신의 감염증상을 서술하는 데도 전쟁서사의 영향

---

32 SUN, MENGXUE, 「한·중 코로나-19 관련 개념적 은유양상에 대한 대조 연구
   -한국 KBS와 중국 CCTV 뉴스 보도를 중심으로」, 이화여대 석시논문, 2021,
   47쪽.
33 包亚兄·石义彬, 「社会动员、意义赋予与污名 : 隐喻在疫情传播中的多重作用」,
   『新闻界』2021年 第4期.

을 받았다는 점이다. 바이러스를 인격화해서 '인류'와 '바이러스'를 이분화하는 관방의 서사를 감염환자의 자기서사와 비교연구한 쑨 멍쉐는 확진자들이 감염과 투병과정을 '적의 침입侵', 적과의 전투를 통해 '시간이 흐름에 따라' 승전하는 '전쟁 언어'로 기술하는 경향이 농후하다는 것을 발견하였다.[34] 구체적으로 보면, 『인민일보』에서 '코로나-19' 방역을 '전쟁'으로 표현한 것은 전체 기사의 70%를 차지하였으며 확진자가 스스로 '전쟁'으로 표현한 경우도 50%를 차지하였다. 두 번째로 빈번하게 사용한 것은 '여행과정'이라는 단어였으며 감염자들이 가장 많이 사용한 동사는 '고통을 견딘다熬'였다. '견딘다'고 하는 표현은 바이러스가 자신에게 '침입'한 뒤 그것과 '싸워 이겨서' 결국 시간의 흐름에 따라 끝나는 고통의 '여정'을 마치고 마침내 '승리'한다는 서사방식이다.

한국에서 코로나 13번째 확진자로 보도된 서창록 교수는 감염된 후 자신의 치료와 회복 경험을 『나는 감염되었다』[35]라는 책을 통해 감염자의 심리와 감염 전후 '삶의 변화'를 글로 남겼다. '고립'과 '공포', 그리고 완치 후에도 존재하는 '낙인'으로 고통을 겪는다는 서창록의 서사는 '견뎌서' 종점이 전제된 '여정'을 마친다는 중국식 감염 서사와는 뚜렷하게 구별된다.

그는 감염 후 극한의 고립감과 미각상실로 음식을 먹지 못해

---

34 SUN, MENGXUE, 앞의 글.
35 서창록, 『나는 감염되었다』, 문학동네, 2021.

'혼자서 죽을지도 모른다'는 극도의 공포를 느꼈다는 점을 반복적으로 이야기한다. 국제인권기구의 자문위원이자 대학교수라는 자신의 '신분'이 이제는 자신과 무관한 것이 되었다는 깨달았다고 하는데, 내용 가운데 '감시'에 대한 공포를 기록한 점이 특이하다. 그는 음압병실에서 두통으로 약을 복용하려 하자 '환자님, 그 약 드시면 안 됩니다!'라는 간호사의 목소리가 스피커로 들려왔고 순간 자신이 24시간 카메라로 감시당하고 있다는 사실을 깨달았다고 한다. 그리고 또 옆 침대에 앉으려 할 때 스피커로 '안 됩니다'라고 저지를 당한 이후로 그는 '렌즈'를 의식하며 행동하게 되었다고 한다.[36] 코로나 확진 후에 정신병적 증상이 발발하는 것은 흔한 일이라고 하는데, 필자는 치료과정에서 고립과 공포로 자신이 정말 정신병에 걸렸는지 두려워졌으며 자가진단을 하기 위해 아내의 조언을 따라 '벽壁과의 대화'를 시도했었다고 고백한다. 그리고 완치된 후에 미디어의 '완치후 재감염' 보도로 인해 지인들이 자신과의 만남을 자신은 감염 후에 그 이전과는 전혀 다른 삶을 살게 되었다고 말한다.

평론가 수잔 손택Susan Sontag은 '질병은 질병일 뿐이다'라는 점을 강조한다. 이는 절대로 질병에 '은유'와 해석을 가하지 말라는 지적인데, 왜냐하면 "환자들이 가장 깊이 두려워하는 것은 이런 의미

---

36 위의 책, 37쪽.

에서의 고통 자체가 아니라, 사람들이 자신의 고통을 비하한다는 고통"이며 은유와 해석으로 인하여 환자는 '자신의 질병에 혐오감을 내비치고 일종의 수치감'을 느끼게 되기 때문이다.[37] 확진 후 기피대상이 된 코로나-19 환자에 대한 사회적 비난과 '적' 혹은 '감염원'이라는 은유가 질병보다 더 큰 고통의 원인이 된다는 것을 잘 짚어낸 것이라 하겠다.

코로나와의 전쟁서사방식은 '승리'에 초점이 맞추어져 있어 실제로 감염된 개인이 겪는 이러한 심리적 고통에 대해서는 거의 언급하지 않는다. 오히려 전쟁서사는 일체의 희생을 견뎌내는 '인간의 의지'를 강조한다는 점이 두드러진다. 한국의 KBS와 중국 CCTV의 코로나 뉴스보도를 '전쟁은유'를 중심으로 비교한 쑨 멍쉐SUN, MENGXUE의 글은 양국의 질병보도의 유의미한 차이를 드러낸 연구이다. 저자는 코로나를 전쟁에 은유하는 것은 양국 공통이라고 언급한 뒤, 중국식 전쟁서사의 효과와 논리를 세밀하게 분석하였다. 가장 먼저 그는 중국에서는 한국에서 사용하지 않는 '달리기 경주賽跑'라는 비유를 빈번하게 사용한 점을 특징이라고 지적한다. KBS가 전시의 무기를 은유하는 '직격탄'이라는 용어를 방역을 설명할 때 몇 회 사용한 데 그친 반면, CCTV는 무기를 '인간', '면역력' 등으로 표현하였으며 인간적인 요소를 강조하고 '스팟

---

37 수잔 손택, 이재원 역, 『은유로서의 질병』, 이후, 2002.

트'를 올린다는 표현을 빈번하게 사용하여 인간의 의지를 고무시키는 측면을 강조한다고 분석한다. 다시 말하면, 중국에서 코로나는 지진,홍수와 같은 '자연재해'라는 점이 강조되었으며 이를 극복하는 '인간'에 대한 보도가 두드러지며 희생된 의료인에게 '열사' 칭호를 부여하는 데서 전쟁숭배 문화가 드러난다고 해석하였다.[38] 즉, 중국의 『인민일보』와 TV방송은 공통적으로 전쟁 은유를 통해 '인간의 의지'와 '희생'을 강조하고 방역성공을 '자연에 맞선 인간의 승리'라고 한 점이 중국식 전쟁서사의 첫 번째 특징이라고 본다.

둘째로 방역과정에서 취해진 전시와 같은 통제는 정부가 개인 소유의 물자를 임시로 '징발'한 후 물자를 반환하지 않고 보상도 하지 않는 '현실적인' 문제를 발생시켰다고 지적한다. 그는 중국 정부의 무상 징발은 '정부와 민간사이에 갈등을 격화시키고 정부의 공신력을 크게 떨어뜨렸'으며 이러한 '무상' 징발이 전쟁 프레임에 기대어 개인의 '희생'을 당연시하였고 이것이 공신력을 떨어뜨리는 원인이자 문제점이라고 비판한다. 정부의 이러한 방역방식이 민간의 자발성을 떨어뜨리는 주요한 요인임을 상기시킨 뒤, 저자는 사망하거나 상해를 입은 의료인원에 대한 '보상'이 극히 미미한 짐 역시 문제라고 지적한다.

---

38 SUN, MENGXUE, 앞의 글.

쑨 멍쉐는 이런 문제점이 발생하게 된 근본적인 이유가 중앙정부의 지침인「예방대책」에 있다고 판단한다.「예방대책」에는 재난대응 과정에서 입은 피해에 대한 보상이 단지 1줄에 그쳐 거의 언급이 없기 때문이다. 또한 농촌인 지역주민들의 자발성이 낮아 결국 정부 주도로 방역이 이루어질 수밖에 없었던 근본적인 이유는, 현정부가 중앙정부의「예비방안」을 그대로 베껴서 현급「예비방안」을 시행하였기 때문이다. 그 결과 고령사회이자 인구 분산지역인 농촌의 특성을 간과하고 도시와 같은 '차단'과 '봉쇄'를 우선시하게 된 것이다.

이상에서 검토한 우한봉쇄와 페이동현의 방역, 그리고 미디어의 재현방식을 보면, 위로부터 방역이 지속가능한 것인가라는 근본적인 의문을 품게 된다. 공동체의 위기에 자발적으로 참여하는 '개인'이 없이 '감시'와 '통제'를 주요 수단으로 택할 경우, 정부의 통제력은 더 강화되고 대중들은 '복종'을 해야 하는 수동적 위치에 처하게 되기 때문이다.

하지만 2021년 중반인 현재까지의 방역결과를 보면, 봉쇄를 통한 통제는 성공적이어서 2020년 중반에 확진자가 '0'이었다고 보도되며, 2020년 하반기부터 대중들은 신속하게 '일상'으로 복귀한 것으로 보도된다. 아쉬운 것은 방역성공에 대한 대외적인 홍보가 통계수치에만 집중되어 있어서 '성공' 이면에 존재하는 '인재'에 대한 책임요구와 강한 행정력에 의해 강요된 개인들의 '희생'

에 대해서는 언급하지 않는다는 점이다. 오히려 인터넷 댓글에는 '중국인이라는 것이 자랑스럽다'는 중화 민족주의와 애국주의가 주류를 이루고 있다.

중국사회에는 성찰과 능동적 참여에 대한 논의보다『우한일기』가 영문으로 출간된 후 저자를 '중국의 치부를 남에게 드러낸 반민족주의자'라고 비난하거나 '우물안에 앉아 우한을 기록하고 세계를 보지 못했다'고 비난하는 국수적 민족주의가 주를 이루고 있다.[39] 코로나를 계기로 애국주의적 칭송과 중화민족주의의 확산이 인터넷 상에서 두드러지고 나타나고 있다고 하겠는데, 그렇다면 이러한 민족주의적 담론과 현실은 어떠한 관계에 있는지 노동과 사회변화를 중심으로 살펴보자.

3. 봉쇄적 방역의 특징 – 노동과 일상, 그리고 '정치화'

코로나로 인한 경기침체는 전세계가 공통으로 겪는 현상으로 직접적인 타격을 받는 직종은 음식, 숙박, 등 전통적인 서비스업종이다. 비대면경제로 인해 시장이 확장된 디지털 플랫폼업종과

---

39 毕大费, 「方方武汉日记 : 一位作者的井中叙事!」, 2020.4.13.
https://baijiahao.baidu.com/s?id=1663838578476274664&wfr=spider&for=pc

이들 업종은 상황이 다르다. 재택근무가 가능한 사람들은 정규직에 고학력자가 많은 반면, 서비스직 육체노동자들은 재택근무가 불가능할 뿐만 아니라 실직한 이들 집단은 코로나가 종식된 후에도 변화한 산업구조로 인하여 기존의 일터로 돌아오기 어렵고 갈수록 격차가 확대되는 'K'자형 경기회복에 의해 위험에 처하게 된다. 그러나 빠른 일상 회복으로 2020년 제4분기에 직장복귀율 89.7%를 기록하며 'V'자형 회복을 보이고 있는 중국은 경기회복과 성장률에서 독보적이라 할 만하다. 그렇다면 코로나시기를 전후하여 중국의 노동시장과 민간의 삶은 어떠하였는가?

중국은 2020년 1, 2월에 폭발적으로 코로나 확진자가 발생하여 3월 중순부터 급격하게 감소하였고 2020년 연말에 제2차 폭발을 겪었다. 코로나 폭발 이전인 2019년 11월의 취업상태를 기준으로 2020년 11월까지 연령, 직종, 지역, 도농 호적을 고려하여 총 5,600명을 선별하여 추적조사한 차이팡蔡昉 등의 연구는 봉쇄정책과 실업의 관계, 노동자의 심리건강을 분석한 것으로 시간대와 인터뷰대상 측면에서 총괄적이어서 대표성을 지닌 연구라 할 만하다.[40] 그는 '속전속결식' 봉쇄정책을 통해 경제가 'V'자형 회복양상을 보인 중국의 방역조치는 초기 방역에 실패한 미국, 혹은 우수하게 관리한 한국과 비교해 보아도 가장 '비용'이 적게 든 것

---

40 蔡昉·张丹丹·刘雅玄,「新冠肺炎疫情对中国劳动力市场的影响－基于个体追踪调查的全面分析」,『经济研究』2021年 第2期.

이었다고 평한다.

차이창의 분석에 따르면 2020년 11월 기준으로 볼 때, 실업자 가운데 절대다수를 점한 것은 여성(78%)이었다. 실직한 기혼여성 가운데 유자녀 여성은 82%에 달하였는데, 실직은 자녀돌봄을 담당해야 하는 여성들에게 이중의 압박이 되었다. 경제난과 함께 여성이 집에 머무르는 시간이 길어지자 여성에 대한 폭력이 증가하여 우한시의 경우에는 가정폭력이 3배로 증가했다는 결과가 보고되었다. 그러나 여성에 대한 폭력이 급증함에도 보호시설이 문을 닫고 비대면으로 전환되어 오직 전화통화만 가능하였기 때문에 여성들은 도움을 청할 곳 없이 폭력에 무방비상태로 노출되었으며 이러한 현상은 한국을 포함하여 전 세계 공통의 현상이었다.[41]

연령기준으로 볼 때 노동시장에서 가장 큰 영향을 받은 집단은 25세~45세로 주로 젊은 층이었다. 이 중 제조업과 도소매업에 종사하는 농민공의 피해가 가장 커 농민공이 젊은 연령층 가운데 29%를 차지하였다.[42] 도시 호구가 없는 농민공은 현지인 실업자보다 실업률이 높았으며(5.3% vs 4.4%) 유동성이 강한 농민공집단은 실직 후에 최후의 선택지로 '귀향'을 택하였으며 귀향한 이들은 '농업'에 종사하는 것으로 간주되었다. 차이창은 도시의 현지 호적

---

41 엄마들의 충격 [박철현의 도쿄스캔들] 「재택근무 장기화, 남편이 때리기 시작했다」, 오마이뉴스, 2021.5.3.
　　https://news.v.daum.net/v/20210503110001464
42 蔡窻·张丹丹·刘雅玄, op. cit., p.11.

인구를 기준으로 집계하는 중국식 통계방식의 특징으로 인하여 농민공들의 실제 실업자 숫자가 종종 누락된다는 점을 상기시킨다.

실직자의 실업기간은 평균 7개월이었다. 실업기간동안 실직자들은 생활비를 가족(47.5%), 저축(38.1%)으로 충당하였으며 중국 정부가 의무로 규정한 사회보험의 혜택을 받은 자는 9%에 그쳤다.[43] 외지인인 농민공은 '도시봉쇄'로 인해 직접적인 타격을 받은 집단으로 이들은 전국적인 봉쇄령으로 인하여 도시로 복귀할 수 있는 교통수단이 막혀 현지인보다 직장복귀율이 낮았다. 우한봉쇄 당시에 시내에 거주하던 외지인은 500만 명으로 이들은 즉각 귀향을 하였으나 그중 귀향하지 못한 외지인 100만 명이 도시에 남아 있었다. 『우한일기』는 이러한 주민상황을 우한시장의 입을 빌어 전하고 있으며, 당시 우한시에는 도시호적자 900만 명이 거주하고 있었다. 팡팡은 농민공이 '사라진' 도시에서 90세가 넘어 핸드폰도 사용할 줄 모르는 독거노인이 가사도우미가 없어 식품 구입과 요리에 어려움을 겪고 있다고 기록하였는데, 도시인의 이러한 '불편함'이 500만 외지인 노동자들의 '실직'의 결과였다는 것을 차이창의 연구가 말해 준다.

도시봉쇄는 코로나의 확산을 막기 위한 중국정부의 '결단'이었다. 당시 1급 경보에 따라 27개 도시가 봉쇄되었으며 도시별 봉쇄결과

---

43 Ibid, p.11.

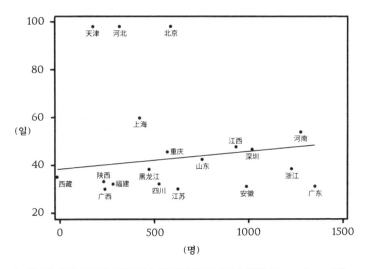

〈그림 10〉 2020년 6월 5일까지 누적 확진자와 봉쇄일수(蔡竇 외, op.cit., p.18)

를 봉쇄 일수와 확진자 숫자 두 축으로 도표화해 보면 다음과 같다.

다음 도표는 한눈에 확진자 숫자와 봉쇄 일수가 비례하지 않는다는 사실을 보여 준다. 봉쇄일수가 길어 상단에 위치한 베이징과 톈진, 허베이성 세 지역은 봉쇄일수가 가장 긴 평균 97일이었지만 확진자는 고작 600명 이하였기 때문이다. 이 97일이라는 봉쇄기간은 확진자가 5만 명이었던 우한의 봉쇄기간이었던 76일보다도 장기간인데, 이러한 불일치가 지닌 의미를 해석하기 위해서는 2021년 1월 20일, 베이징시를 보호하기 위해 취해졌던 주변도시 봉쇄조치를 살펴볼 필요가 있다. 2021년 1월 당시 베이징시의 확진자는 11명이었음에도 중국정부는 베이징을 둘러싸고 있는 거

주인구 2,100만 명의 세 도시(허베이성의 스쟈좡石家庄, 싱타이邢台, 랑
방廊坊)을 봉쇄하였다.[44] 베이징 시내로의 진입을 차단하는 이러한
포위식 간접 봉쇄는 정치적인 고려에서 나온 것으로 수도라는 '특
수한 지위'에 있는 베이징을 보위하기 위한 '조기 억제'조치였다.
구체적으로 보면, 베이징에서 발생한 확진자는 우한과 달리, 외국
에서 유입된 '변형' 바이러스로 추적이 용이한 대상이었다. 그리
고 확진자는 세 도시를 합하여 80명(2021년 1월 19일 기준)에 불과
하였다. 이 두 가지 사실을 고려하면 1주일간의 수도권 봉쇄조치
는[45] 정치적인 고려, 즉, 3월에 열릴 양회를 무사히 치르기 위한 안
전조치였다고 추론할 수 있다.[46]

　대도시의 봉쇄로 인하여 가장 큰 타격을 받은 집단은 농민공들
이었지만 코로나로 인한 실업문제로 사회적인 이슈가 된 것은 대
학졸업반 학생들이었다. 2020년 8월(중국은 하계졸업)에 졸업하는
중국전역의 대졸자는 874만 명으로 전년 대비 40만 명이 증가한
역대 최대 규모였다. 이 졸업생 수에는 해외에서 귀국한 중국인

44　「北京1地升为高风险！刚刚, 石家庄、邢台、廊坊通报这些最新信息！」, 2021.1.20.
　　https://baijiahao.baidu.com/s?id=1689407611153663437&wfr=spi-
　　der&for=pc
45　「우한 봉쇄 1년 지났는데…중국은 '다시 코로나와 전쟁'」, 2021.1.24.
　　https://news.v.daum.net/v/20210210101329412
46　多名专家接受, 『环球时报』, 采访：河北三地封城, 为何与当初武汉不同, 环球网,
　　2021.1.13.
　　https://baijiahao.baidu.com/s?id=1688723214349948479&wfr=spider
　　&for=pc

유학생 60만 명까지 포함되어 있어 전례 없이 경쟁이 극도로 심하였다. 공급과잉과 코로나로 인한 경기위축으로 일자리가 감소하자 대졸자들은 유사이래 최대의 실업자군이 된 것이다. 해당 연도 졸업생을 우대하는 중국의 취업시장의 특성상 이들은 다음 해인 2021년 8월 졸업생들과 뒤늦게 경쟁을 해야 했기 때문에 졸업생들의 정신적, 심리적 압박이 심각하였고 다수의 연구물들은 졸업생들의 불안증상을 분석하여 발표하였다.[47] 이에 중국정부는 졸업생들이 서부대개발에 지원하도록 독려하고 중소기업취업을 대안으로 제시하는가 하면, 제도적으로 2020년 졸업생이 취업에 불이익을 당하지 않도록 2021년 졸업자와 동일한 '본기 졸업생' 신분을 유지하도록 하여 이들의 개인자료를 학교에 1년 더 보관하도록 하였다. 사회에서 전개된 '대학생 촌관村官' 파견 등 대학생 일자리 마련을 위한 사회 여론과 시도에서 데서 알 수 있듯이, 코로나 시기에 사회적인 구제는 같은 연령층 가운데서 특정한 집단에게 집중되는 경향이 있었다.

---

47 孙晓芳, 「不可控因素影响下促进毕业生就业对策研究——以新冠肺炎疫情为例」, 『黑龙江科学』 第12卷 第7期, 2021.4, pp.8~10.

4. '총력전'으로서 방역과 그에 대한 성찰

코로나 치료과정에서 출현한 흥미로운 사건 가운데 하나는 한방 치료가 효과를 발휘하여 중의학이 새롭게 부상하였다는 점이다. 미디어는 전체 환자 가운데 75%가 코로나 회복기에 한약을 복용하여 효과를 보았으며 이를 '코로나가 중의학을 발견하였다'고 표현하였다. 이 현상으로 인하여 그간 중의를 반대해 오던 양의들조차 중의학의 효능을 인정하여 임상치료에 양방과 한방을 병용하게 되었으며, 중의학의 코로나 치료효과에 대한 연구 역시 증가하여 최근 중의학계는 정부가 말하는 '중국의 길中國道路'에 중의학이 포함되어 세계로 전파되어 '중의학의 세계화'가 이루어져야 한다고 주장한다.[48] 코로나기간 동안 서양이 중국을 '마녀사냥'하고 있다고 보는 원톄쥔은 중국에서 이와 같이 한방치료의 효과가 입증되었음에도 불구하고 정부가 서방의 시선을 의식하여 '공공연하게' 그 효과를 선전하지 못하고 있다고 지적하는데 이 역시 이러한 흐름을 반영한 것이다.[49]

차이창은 봉쇄를 통한 방역이 가장 최소한의 '댓가'를 지불하는 방법이었다고 본다. 그러나 이러한 언급은 확진자 숫자에 한정할

---

[48] 段源玲·王钰茹·田娟, 「疫情下中医药发展的机遇及挑战分析」, 『现代商贸工业』2021年 第10期.

[49] 원톄쥔, 2장 중심과 주변 「위기이후 어떤 세계화가 도래할 것인가」, 안희경, 『오늘부터의 세계』, 메디치, 2020, 51쪽.

때 타당한 말이다. 코로나 이후의 일상이 과거와 다르게 재편되었다는 점을 상기하면 '억제효과'만 주목하는 것은 삶의 주체들을 '관리대상'으로 전락시킨다는 점에서 문제적이라고 보이기 때문이다. 코로나 발생 이후에 중국정부가 개인이 도시를 이동할 때마다 2주간의 격리를 의무화하자 대중들은 그 불편함을 피하기 위하여 아예 귀향을 하지 않거나 자가에 머물렀다. 그리고 봉쇄지역에서 주민은 외출시에 문앞을 지키는 방역위원에게 본인 핸드폰의 '정상 표시부호건강마, '健康碼''인 녹색사인을 보여줄 수 없으면 문 밖으로 나가는 것을 포기하는 것이 '정상'으로 되었다. 효율성에 대한 강조는 사회적 동의를 유도하고 통제를 합법화하여 통제와 검열이 '일상-정상'이 되도록 만든다. 중국에서 이 과정은 코로나 방역을 계기로 하여 '완성'되었다.

유발 하라리Yuval Noah Harari는 일찍이 "이 코로나 위기는 전투의 획기적인 전환점이 될 것이다. 사생활보호와 건강사이에서 선택을 해야 하는 상황에 처할 때 사람들은 항상 건강을 선택할 것이다"[50]라고 하며 코로나라는 대재난이 끝난 뒤에도 '개인의 자유'에 대한 통제는 지속될 것이라고 예견한 바 있다.

법학자 한따위앤은 유발 하라리의 이러한 문제의식에 깊이 공

---

50 Yuval Noah Harari, "the world after coronavirus-This storm will pass. But the choices we make now could change our lives for years to come". https://www.ft.com/content/19d90308-6858-11ea-a3c9-1fe6fedcca75

감한다. 그러나 그는 비상상황에서 '개인의 자유'는 제약될 수 있으며 그것은 정당성을 갖는다는 것을 인정한다. 하지만 '법치'라는 이름하에 공권력이 코로나시기나 이후에 '남용'되어서는 안 된다고 경계한다. 즉, "우리는 코로나시기에 일부지역에서 과도하게 공민의 권리와 자유를 제한하는 것을 목도하였다. (…중략…) 코로나 기간에 자유와 질서, 자유와 생명권이 충돌하였으며 이러한 상황은 어떻게 인간의 존엄함을 기초로 하여 사회정의를 수호하는 헌법질서를 지킬 것인가"라는 과제를 남겼다고 지적한다. 그리고 그는 과학기술에 대한 '숭배'는 위험하며 그 양면성을 보아야 한다고 강조하며 코로나시기에 "핸드폰이 없는 대중은 정상적 생활을 하는 것이 극히 어려웠으며 건강사인과 같은 '편리한' 시스템을 이용할 수 없는 사람들은 종종 한 발자욱도 움직일 수 없게 되었다. 코로나가 야기한 새로운 불평등을 우리는 반드시 직시하여야 한다. (…중략…) 방역은 궁극적으로 인성人性과 협력의 힘에 의지하는 것이지, 전염병을 이기는 것이 전적으로 과학기술에 의존하여 이루어지는 것이 결코 아니"[51]라고 말한다.

'법치'의 남용과 '과학기술'만능에 대한 그의 경계는 코로나기간에 폄하된 '자유의 존엄성'에 대한 강조이자 정부의 통제위주의 거버넌스에 대한 비판이다. 이러한 비판은 궁극적으로 '사회적 공

---

51 韓大元, 「后疫情时代：重塑社会正义」, 『思想』 2020年 第5期.

정'에 대한 강조로 나아간다.[52] "공공정책은 반드시 결과의 불평등과 기회의 불평등을 동일하게 반영하여야 한다"고 하는 그의 주장에는 '기회의 불평등'에 대한 강조에 힘이 실려 있다.[53]

그러나 '사회적 공정'에 대한 강조는 강력한 통제의 효용성을 강조한 코로나 시기의 담론에서 주변에 속하는 견해이다. 앞서 살펴본 바와 같이 위로부터 아래로 시행된 강력한 통제는 '정치 우선주의'라는 분위기속에서 시행된 것이었고 전시의 총력전 담론은 도농 간의 차이를 무시한 봉쇄 우선주의를 정당화하고 있기 때문이다. 그리고 피해 / 자에 대한 사회적 구제와 보상의 미미함과 '기회의 불평등'에 대한 성찰은 성과를 부각시키고 '영웅'과 '미담'을 홍보하는 애국주의적 담론에 의해 가려졌다. 배타적인 애국주의는 오늘날 중국사회에서 강력한 발언권을 지니고 있는데, 그러한 시대분위기를 반영하는 것이 아래와 같은 중국사회의 자기인식이다.

미국의 중국에 대한 인식의 편차가 나타나게 된 근본원인은 100년 동안 발생한 미증유의 거대한 변화에 대한 미국의 불편함과 소위 중미 간의 권력이동에 대한 미국의 우려 때문이다. 코로나폭발로 인해 중국에 대한 미국의 편견은 확대되었다. 잘못된 인식은 잘못된 행위를 야기하기 때문에, 어떻게 하면 심리적 디커플링이 현실이 되지 않도록 할

---

52 Ibid., p.49.
53 Ibid., p.50.

것인지, 신냉전이 자기실현적 예언이 되지 않도록 할 것인지가 대미 공공외교의 중대하고도 시급한 과제이다. 100년 동안 일찍이 존재한 적이 없었던 **대미 공공외교의 사명은 미국의 미국관, 중국관, 세계관을 재정립하도록 하고**(강조는 인용자) 중국과 미국 사이에 민심의 상호소통을 촉진하여 중국과 미국이 평화롭게 공존하는 대세를 유지하는 데 있다.[54]

미국을 향하여 100년 사이에 강대국으로 변화한 중국의 현실을 인정하라는 이 요구는 미국에게 자신의 '미국관'을 재수립하라는 요구로부터 출발한다. 미국이 더 이상 유일한 글로벌 리더가 아니라는 이 인식은 코로나 발생 직후 한때 세계 최고 감염자가 발생하여 통제불능상태에 빠진 미국사회에 대한 중국사회의 실망과 직접적 연관을 갖고 있기도 하다.

그러나 코로나와 같은 전염병은 근본적으로 환경문제와 밀접한 관련을 갖고 있으며 글로벌한 전염병의 발생주기는 점점 짧아지고 있다. 그러므로 '발전'에 대한 인식의 전환과 소비와 성장주의에 침윤된 일상과 정책에 대한 성찰 없이 문제는 해결될 수 없으며 개인으로부터 집체에 이르는 각 주체의 성찰을 통해서만 문제는 해결가능성을 갖게 된다. 따라서 강국의 애국적 민족주의와 반외세

---

54 王义桅·栾文镕,「百年未有之大变局下的对美公共外交：使命与内涵」, 网络首发时间, 2021.3.15, p.1.
https://kns.cnki.net/kcms/detail/11.1160.c.20210315.1343.007.html

적 팽창주의적 대외관에 기대어 해결책을 찾아서는 안 될 것이다. 그런 점에서 다시 팡팡과 농촌방역에 대한 정부의 관리방식으로 돌아가 중국적 통치방식의 특징을 정리할 필요가 있다 하겠다.

『우한일기』에 대한 여론의 비판, 그리고 농촌에 대한 선전홍보를 소셜미디어에 대한 감시(가짜 뉴스색출)로부터 시작한 것은 개인들의 자발성과 주체화를 억압한다는 점에서 주목해야 하는 지점이다. 앞서 언급한 것처럼 팡팡은 '진실'을 은폐한 관료들의 태도와 자신의 글쓰기를 억압하는 인테넷검열을 '진실의 은폐'라는 점에서 동일하다고 비판했다. 계정을 삭제하고 '긍정적인 결과'만 홍보하도록 하는 미디어정책은 한따위앤의 표현을 빌면, '개인 자유의 존엄'을 부정하는 것이며, 오늘날 언론자유에 대한 권리쟁취의 장은 전통 미디어인 TV와 신문이 아닌 인터넷공간이 되었다. 이 시점에 우리는 코로나시기에 효율적인 정책선전의 도구로까지 부상한 소셜미디어가 실은 중국정부가 일찍부터 '관리대상'으로 지정했던 검열대상이었다는 점을 상기할 필요가 있다.

중국정부가 인터넷을 주요한 관리대상으로 제도화한 것은 2013년이다. 중국정부의 IT 산업발전전략中國制造 2025 프로젝트을 계기로 2015년 이후 중국내 인터넷인프라는 급속하게 확대되었고 뉴미디어는 전통매체를 대체하였다. 이러한 추세하에서 중국정부는 문화정책 방향을 결정짓는 중요한 회의인 전국 선전사상공작회의 全国宣传思想工作会议, 2013.8.19 언설[55]에서 이데올로기적 과제는 공산당의 핵심과제인 경제 건설과 비견되는 중요한 과제라는 사실을 천명하였다. 중국정부는 다양한 문화 침투에 대항하여 내부결속을 강화하기 위해 공산당이 문화와 이데올로기 정책의 주체가 된다는 점을 분명히 밝혔다. 이데올로기 관리의 주요 내용은 인터넷과 핸드폰을 비롯한 다양한 미디어 영역이었으며 정부는 '인터넷을 여론투쟁의 장소'로 설정하고 인터넷 영역을 '홍색-회색-흑색'의 세 가지 지대로 구분하여 언론통제의 방향성과 전략을 명확히 밝혔다. 시진핑의 이 2013년 8.19 연설을 계기로 중국사회는 개인의 SNS는 물론 틱톡까지 검열하는 '총기록사회'가 되어 개인의 언론행위는 물샐틈없는 관리의 대상이 되었다.[56] 중국사회가 이러한 '총기록사회'라는 점을 상기할 때 코로나 감염서사가 한결같이 바이러스와 싸워 '승리'하는 '여정'으로 재현되는 이유를 추론할 수 있을 것이다.

중국의 코로나방역과정은 전쟁이라는 비유를 활용한 것이 아니라 실제로 '총력전' 방식으로 수행되었다. 그 결과 전시의 적아 이분법은 개인들의 자기서사에까지 삼투되어 재난극복을 통한 '자율과 책임의 성숙'이 아니라, 국가와 개인을 동일시하는 담론의

---

55 「习近平在全国宣传思想工作会议上强调 胸怀大局把握大势着眼大事 努力把宣传思想工作做得更好」, http://news.12371.cn/2013/08/21/ARTI13770 27196674576.shtml. 시진핑은 연설을 통해 공산당의 혁명서사와 긍정적 에너지를 전파하여 사회단결을 강화할 것을 강조하였다.

56 고윤실, 『드라마를 보다 중국을 읽다』, 나름북스, 2020, 182~183쪽.

'정치화'가 심화되었다. 이처럼 개인이 주체로 되지 못하고 '관리와 통제'의 대상에 머물 때, 과연 빈발하는 대형재난에 대한 극복이 지속가능할 것인지, 묻지 않을 수 없다 하겠다.

공공위생사건에 있어 젠더 문제의 제기[*]

쉬지우지우(徐玖玖)

중국사회과학원 법학연구소

(한국어 번역 : 김정수)

질병, 핵 오염, 생태오염 등 외발성 위험으로 인해 현대 사회의 불확정성은 한층 더 심화되며, 인류의 생산방식과 생활방식엔 심각한 변혁이 발생하고 있다. 울리히 벡은 이를 일러 '위험 사회'[1]라 부른다. 공공위생사건은 공공위기의 중요한 유형 중 하나이다. 2019년 12월 신종코로나 폐렴 바이러스 전염병(이하 코로나-19로 약칭)이 폭발하여 2003년 SARS 이후 가장 심각한 공공위생사건이 되었고 정치, 경제, 문화 방면에 거대한 충격을 가져왔다. 그런

---

[*] 이 글은『当代青年研究』2020년 11월 제6기에 실린 논문을 번역한 것임.
[1] 울리히 벡,『위험사회』, 上海 : 译林出版社, 2004, 15쪽.

데 전염병의 초기 배태-중기 폭발-완화 단계, 심지어 포스트 코로나 단계까지 공공위생사건에서의 젠더 생태는 모두 불균형상태에 처해 있다. 2020년 4월 UN WOMEN'유엔 여성기구'은 「젠더 시각으로 본 아시아-태평양 지역 신종코로나 폭발 초기 100일The First 100 Days of the COVID-19 Outbreak in Asia and the Pacific: A Gender Lens」이라는 보고서를 발표해, 코로나-19로 아시아-태평양 지역의 젠더 불평등 현상이 더욱 심각해졌다고 보고했다. 경제활동이 갑자기 중지되고 사회 발전이 연기되었으며 위생과 건강환경이 위협을 받았고, 국민 생계에 있어 자원 부족이 나타났다. 이로 인해 여성은 남성에 비해 상대적으로 경제 조건, 의료 간호, 사회 보장과 같은 영역에서 훨씬 더 심각한 위기에 직면했다. 한편 '도시 봉쇄', '국가 봉쇄', '물리적 거리 유지' 등과 같은 사회 격리 조치가 바이러스 전파를 차단하고 바이러스 만연을 억제했기 때문에 이런 방법은 각국의 방역당국이 선호하는 우선적인 옵션이 되었다. 그러나 이로 인해 모든 사람이 사회 생활, 사회적 자원과 격리되는 생존 상황에 처하게 되었고 여성이 가정폭력 등 위험이 발생했을 때 행동에 제약을 받는 객관적 곤경이 초래되었으며 폭력, 침해, 성추행 등 전형적인 젠더 상해 행위가 부단히 증가해 '2차 폭력의 전염'이 발생하였다.

객관적인 추세로 볼 때 위험사회에서 공공위생사건 같은 전형적인 외발성 위기는 이미 상시화되었으며 코로나-19는 공공위생사건 가운데 젠더 생태를 관찰하는 데 생생한 표본을 제공하게 되었다. 팬데믹 상황에서 각국 정부는 전 사회의 각종 자원을 충분히 동원해 위기에 대응하였는데 젠더 시각은 위기의 대응과 처치에 있어서 일정 정도 부재하는 것으로 드러났다. 전염병 등 공공위생사건은 생명과 건강, 사회 관리 등 상규에 관심을 두는 의제일 뿐만 아니라, 정책 결정자가 젠더 시각에 대해 충분한 관심을 두어야 하기도 한다. 젠더 의지에 기반해 더욱 깊이 사고하고 법제 차원에서 통합과 최적화를 실현해야 한다.

4. 공공위생사건에서 집단의 생태적 위상

표본 연구는 묘사하고 해석하고 탐색하는 연구를 위한 중요한 방법이며, 현실 문제와 실천 경험, 이론적 추상화 삼자 사이를 왕복하는 통로이다. 1995년 베이징세계여성대회가 「베이징 선언」과 「행동강령」을 통과시킨 이후, 코로나-19는 특수한 위기에서 여성의 권익 보호를 검토할 수 있는 실전이자 방역과 함께 수반되어야 하는 또 하나의 저지전이다. 코로나-19 기간 여성의 젠더 생태를 표본으로 할 때, 저지선은 방역 역할, 가정내 역할, 지역사회내 역할, 직업 역할, 개체 역할, 여론 역할 등 여섯 개의 측면에서 분석을 할 수 있다.

1) 방역 역할 - 팽창한 의료 여전사

일선 의료진은 방역의 핵심이며 감염 위험이 가장 높은 집단이기도 하다. 코로나-19가 폭발했던 2020년 3월 1일, 중국은 누적 344개의 국가의료단 총 42,322명의 의료진을 파견했으며, 그중 의사가 11,416명(27%), 간호사가 28,679명(67.8%)이었다.[2] 세계보건기구WHO가 2020년 4월 11일 발표한 전염병 보고서에 따르면, 2020년 4월 8일 기준 52개국으로부터 총 22,073명의 의료진 Health Care Workers, HCWs의 확진 보고를 받았다. 예를 들면 이탈리아에서는 2020년 4월 10일 보고서 기준 이미 15,314명의 의료진이 확진(11%) 판정을 받았다.[3] 그러나 세계보건기구는 최근 공개된 데이터가 제한적이라는 점을 고려할 때, 전세계 의료진 감염의 실제 수치는 훨씬 많을 것이라고 강조하였다.

첫째, 여성의 경우 의료진 중 점유 비율이 높은 편이며, 감염 위험 역시 높은 편이다. 2020년 4월 7일 세계보건기구가 발표한 「2020년 세계 헬스케어 상황 보고」에 따르면, 중국 의료진 중에서 여성의 점유율은 98%에 달하며, 전 세계적으로 이 비율은 70%를 유지한다. 2020년 3월 8일 국가위생건강위원회 국무원 합동방역

---

2 姚常房·徐秉楠,「백의의 갑옷 출정식(白衣执甲出征)」,『健康报』, 2020.3.12(02).

3 Integrated surveillance of COVID-19 in Italy : 10 April 2020[EB/OL]. https://www.epicentro.iss.it/en/coronavirus/bollettino/Infografica_10aprile%20ENG

시스템 기자간담회에 따르면, 코로나-19 기간 동안 중국 후베이로 달려간 4만 2천 6백 명의 의료진 중 여성 의료인은 2만 8천 명이며 전체 의료진 중 2/3를 차지하였다. 의료진 중 성별에 따른 감염 비율은 UN WOMEN의 "COVID-19 : Emerging gender data and why it matters" 보고서의 조사 데이터 기준에 따르면 일부 국가의 일선 방역 의료인 중 여성 의료진의 감염 비율이 남성의 2배에 달하였다. 예를 들면, 스페인의 경우 2020년 4월 6일 12시 기준, 스페인 위생부 데이터에 따르면 7,329명의 의료진 감염 중 여성은 71.8%, 남성은 28.2%를 차지했다. 또 이탈리아의 경우, 2020년 4월 2일 16시 기준, 이탈리아 데이터에 따르면 10,657명 의료진 감염 중 여성은 66%, 남성은 34%를 차지했다.

둘째, 여성 의료진의 생리 보건 방면에 대한 충분한 관심과 보장이 부족하다. 일선 여성 의료진에게는 전염 위험에 대항할 수 있는 충분한 개인 방호 설비뿐 아니라, 생리대, 생리팬티(속바지) 등 위생 용품도 필수적이다. 그러나 이런 필요성은 위기 대응 과정에서 종종 무시되었다. 전염병 초기, 여성의 생리용품이 전염병 보장용품 리스트에 포함되지 않아 여성 의료진은 더욱 큰 생리학적 부담을 져야 했으며, 심지어 생리위생용품의 필요에 대해 '말하기 부끄러워하는' 심리적 압박을 받기도 하였다.

2) 가정내 역할 – 말을 잃은 모든 가족의 돌봄자

중국의 전통적 관념에 따르면 가정 내에서 여성의 역할은 모든 가족의 돌봄자이다. 이 돌봄의 역할은 전방위적이다. 돌봄의 대상은 노인과 자녀, 그리고 기타 돌봄이 필요한 모든 가족을 포함하며, 돌봄의 내용은 가사, 양육과 부양, 학습 보조, 문제 해결 등을 두루 포함한다. 2019년 국가통계국이 발표한 「2018년 전국 시간 이용 조사 공보」에 따르면, 남성의 가정 내 무보수 노동의 시간과 참여율은 여성보다 훨씬 낮다.

코로나-19 기간 동안 여성의 가정 내 역할의 중요성은 현저하게 증가하였다. 모든 가족들이 집에 격리되고, 학교와 가사서비스, 3세 이하 영유아 돌봄 서비스 등이 파업 상태에 처해, 여성이 필연적으로 더욱 많은 책임과 스트레스를 져야 했다. 동시에 가정의 경제적 수입이 감소함에도 일부 여성은 부득이하게 일할 기회를 포기함으로써 가족 돌봄자의 역할의 공백을 채웠다. 여성을 가족 돌봄자로 보는 공식은 어느 정도 관방 정책 문건의 태도에 드러나 있다. 일례로 2020년 2월 8일 지난濟南시 신종코로나 폐렴 전염병 처치업무 지휘부는 지난시 주재 기업을 향해 "가족 중 저학년(초등 3년 이하) 아이가 있는 가정에 자녀를 돌볼 사람이 없을 경우 개학이 연기된 동안 여성이 집에서 미성년 자녀 돌봄을 기업에 신청할 수 있도록……"이라는 건의서⁴를 전달했다. 이러한 사회인식이 부단히 강화되면서 남성이 공동으로 가사를 분남해야 한나는 생각은 희미해졌다. 또 한편 가족 돌봄자 역할이 연장되어 여성은 코로나 시기 기타 가족 성원의 건강에 대해 더욱 큰 책임과 함께 스트레스를 받고 있다. 코로나 시기 집단의 건강, 공공위생, 생활방식, 질병위험 등의 아젠다에 대한 사회의 관심과 초점은 모두 개인 위생과 가정 청결에 집중되었다. 그런데 이런 책임의 집중은 가족 돌봄자가 더욱 큰 스트레스를 감당해야 함을 의미했다.

3) 지역사회社區 내 역할 - 허브 역할을 하는 지역사회社區의 일꾼

공공위생사건은 지역사회에서 만연될 위험성이 비교적 크다. 지역사회는 방역에 있어 가장 중요한 전선이자 입구이며, 도시 관리에 있어 '최후 1km'이며 병원 밖 제2차 방어선이다. 2020년 3월 7일 후베이성만을 대상으로 볼 때, 58만여 당원 간부가 지역사회(촌)로 내려갔다.[5] 온유하고 인내심 있으며 인간 관계를 잘 처리하는 여성의 특성으로 인해 여성이 지역사회 업무에 참여하는 비율은 비교적 높았다. 본질적으로 여성의 지역사회내 역할은 가족 돌봄자의 역할이 지역사회에까지 연장된 것이다.

일상 상태에서 지역사회 위생서비스 센터는 기본 의료서비스

4 　李雪梅, 「지난시 지난 주재 기업에 창의서 발송. 맞벌이 가정의 경우 한쪽이 재택 자녀 돌봄 신청 허가 관련(济南向驻济企业发出倡议书 双职工家庭可申请一方在家照看子女)」, 『济南日报』, 2020.2.9(7).

5 　「후베이 : 58만여 명 당원과 간부가 아래로 내려가 방역 제1방어선 지켜(湖北 : 58 万余名党员干部下沉 筑牢疫情防控第一道防线)」[EB/OL] http://www.xinhuanet.com/2020-03/07/c_1125678149.htm, 2020.3.7

균등화의 가치를 추구하며,[6] 구체적인 업무는 질병 예방과 방역, 기초적인 가정 의료 서비스, 주민의 건강 보건 서비스, 건강 교육과 홍보 등을 포함한다. 코로나 시기 의료시스템 가운데 중대형 병원의 자원과 서비스가 방역과 중대 질병으로 집중되었기 때문에 일반 질병과 일상적인 보건 서비스는 지역사회 위생기구로 더욱 분산되고 또 유도되었다. 코로나 시기 주민의 건강과 보호 책임 역시 지역사회로 내려간 것이다.

이외에 지역사회에서는 아동과 노인, 그리고 생육기 여성 등 특수한 집단에 관심을 가져야 하는 상황이 되었다. 2017년 국무원에서 발표한 「'13.5' 국가 노령사업 발전과 양로체계 건설 규획"＋三五"国家老龄事业发展和养老体系建设规划」国发, 2017, 13호에 따르면, 2020년까지 전국 60세 이상 노인 인구는 약 2억 5천 5백만여 명으로 증가해 총인구 중 17.8%를 차지할 것으로 추산되었다. 고령 노인이 2,900만 명으로 증가하고, 독거노인은 1억 1천 8백만 명에 이르게 되는 것이다. 그중 여성 노인의 비중이 남성보다 높았으므로[7] 팬데믹 시기 노인, 특히 여성 노인은 객관적으로 볼 때 더욱 높은 감염 위험에 직면한다. 동시에 팬데믹 시기 일상생활은 인터넷 쇼핑, 모

---

6 河江·陈国营,「기본의료위생서비스 균등화 추진을 위한 경로 선택-지역사회 위생서비스 센터에 기반한 연구(推进基本医疗卫生服务均等化的路径选择—基于社区卫生服务中心的研究)」[J],『江西社会科学』, 2009(12), pp.159~162.
7 田珊檑,「여성 노년인구 50% 차지(女性老年人口占比超五成)」[N],『中国妇女报』, 2016.10.10(A1).

바일 건강코드 등 IT 수단에 더욱 의존하게 되므로, 지역사회는 관할 지역 내의 독거, 1인 거주 노인의 방역과 일상생활에 대해 필연적으로 더욱 무거운 책임을 질 필요가 있었다. 또한 생육기 여성 집단은 질병 감염의 직접적인 위험에 직면하는 것 외에도, 피임, 임신 검사, 산후 보건 등 방면에서 보건 서비스를 받아야 하기 때문에, 지역사회의 건강 업무는 팬데믹 시기에 여성이 보건 서비스를 받을 수 있는 중요한 채널이 되었다.

4) 직업 역할 – 위기와 편견에 직면한 노동자

첫째, 전염병은 여성의 경제적 조건과 취업 발전에 더욱 심한 충격을 주었다. COVID-19는 경제에 구조적인 영향을 주었다. 격리 조치, 봉쇄 명령 등 정책의 영향으로 인한 경제 활동의 정지는 수많은 업종에 직접적인 충격을 주어 일부 산업의 경우에 수급 사슬이 중단되고 주민의 수입과 소비가 하락했으며 단기 인구 유동에 제약을 받았고 경제 시장 투자도 하락하고 제2차 산업과 제3차 산업의 하락도 뚜렷해졌다.[8] 제2차 산업과 제3차 산업 관련 업종 내 영세기업과 기타 비정규경제에서는 종종 필수적인 사회 보험이 결여되어 있었으며 이로 인해 여성이 받는 경제적 타격 역시

---

8 「2020년 1분기 국내총생산 초보적 정산결과(2020年 一季度国内生产总值(GDP)初步核算结果)」[EB/OL].
　http://www.stats.gov.cn/tjsj/zxfb/202004/t20200417_1739602.html

더 증대되었다.

둘째, 재택 근무로 인해 여성은 일과 가정 사이에서 균형을 유지하기가 어려워졌다. 재택 근무와 탄력근무제는 오히려 '무휴근무'로 쉽게 변질되었으며, 심지어 작업장에서는 '근무시간 부족', '출근 카드 체크 안함', '업무 실적을 판단할 수 없음' 등의 이유로 임금을 삭감하거나 혹은 초과 근무 수당 등을 지급하지 않는 상황이 발생하였다. 인터넷 기술로 인해 업무 환경의 물리적 시공간이 확장되었지만, 업무와 가정이 시간과 공간적으로 중첩되기 때문에 여성은 재택 근무시 업무와 동시에 가사 노동, 노인 보호, 아동 양육, 가정 교육 등 다중의 임무를 완성해야만 한다.

셋째, 전염병은 여성의 평등한 취업권에 커다란 충격을 주었다. 조업 재개工를 시작했던 방역 완화단계에서나 완전히 정상화되었던 포스트 코로나 단계에서나 여성의 취업 환경은 계속 악화되었다. 가정 책임, 결혼과 양육 상황 등의 영향으로 여성은 구직 과정에서 자주 취업 차별과 제한에 직면하였다. 2020년 3월 8일 UN WOMEN이 발표한 「베이징회의 25주년 여성 권리 평가」 보고서 데이터에 따르면, 보수 수준에 있어 여성 노동력과 남성 노동력의 성별간 격차는 시종 개선되기 어려웠으며, 여성의 평균 임금은 남성보다 16% 낮았다. 중국에서 '둘째 아이 출산허가' 정책 이후 여성 취업 시장의 불균형 상태는 더욱 심화되었으며[9] 구직 기회와 취업의 질에 있어서 여성과 남성 사이에는 비교적 큰 격차가 존재하였다.[10] COVID-19의 영향으로 실업률은 상승했고 구직 인구 역시 급격하게 증가했다. 중국의 2020년 제1/4분기 전국 성진城鎭한국의도와시에해당 의 실업률조사 수치는 작년 동시기보다 뚜렷하게 상승했다. 국가통계국이 2020년 4월 17일 발표한 통계 데이터에 따르면, 2020년 3월 전국의 성진 조사 실업률은 5.9%로 작년 동기 대비 높은 수준이다.[11] 여성의 평등한 취업권과 기업의 고용 자주권 사이의 모순이 더욱 첨예해질 것으로 예상된다. 한편, 경제 수입의 감소는 코로나 시기에 많은 가정이 직면해야 했던 어려움이었는데, 전통적인 성별 분업 모델인식이 고착화된 탓에 여성은 종종 경제적 압박을 받으면 일을 희생하고 가정을 선택하는 주체가 되었다. 이런 현상이 출현하는 이유는 주로 두 가지이다. 첫째, 통상적인 상황에서 가정 내에서 남성의 수입이 종종 여성의 수입보다 많기 때문이다. 여성이 유급노동을 포기하고 가정의 무급 노동으로 보상을 하는 행위는 가정 전체로 보면 경제적으로 효과가 있다. 둘째, 가족 돌봄자로서의 여성이라는 전통적인 역할에 대한 각인은 여성의 직업 역할보다 훨씬 뿌리깊다. 따라서 이런

---

9 李洪祥, 「"둘째 자녀 정책"하의 여성취업권 보호 입법 개선 연구("二孩政策"下保护女性就业权立法完善研究)」[J], 『社会科学战线』, 2017(10), pp.197~204.

10 李春玲, 「'남아 위기', '노처녀 현상'과 '여대생 취업난'("男孩危机""剩女现象"与"女大学生就业难")」[J], 『妇女研究论丛』, 2016(02), pp.33~39.

11 「统筹疫情防控和经济社会发展成效显著 3月份主要经济指标降幅明显收窄」[EB/OL].
   http://www.stats.gov.cn/tjsj/zxfb/202004/t20200417_1739327.html

성별에 기반한 '선 가정, 후 직업'이라는 희생과 선택은 가족 공동의 결정이라는 형식의 공평한 방식을 통해 행해지며 전원의 지지와 순종을 수반한다.

5) 개체의 역할 – 힘이 없는 취약집단의 곤경

첫째, 여성은 폭력에 대해 취약하다. 가정폭력은 여성의 권익보호를 위한 중요한 의제이다. 가정 환경은 건강, 안전, 경제 등의 조건과 외부 압력의 영향을 받으며 가정 환경의 악화로 인해 폭력 지수 역시 크게 높아진다. 2020년 3월 20일 품자일 맘보 넥쿠카 Phumzile Mlambo-Ngcuka UN 사무부총장 겸 UN 여성기구 상임이사는 「COVID-19 : 여성의 미래와 현재」라는 보고서에서 매일 평균 137명의 여성이 가족에 의해 살해당했다고 지적했다. 난민 수용소에 대한 관찰에 따르면, 안전, 건강, 경제 조건으로 인한 스트레스 변화는 가정폭력을 촉발을 가속화한다. UN WOMEN은 「COVID-19와 여성과 여아에 대한 폭력의 종식」이라는 보고서에서 COVID-19의 전세계적 만연이 코로나 시기 여성과 여아에 대한 폭력 피해에 직접적인 영향을 준다는 사실을 증명했다. 프랑스에서는 2020년 3월 17일에 봉쇄한 이후 가정폭력에 대한 보고수가 30% 증가했다. 아르헨티나에서는 2020년 3월 20일 봉쇄 이후 가정폭력 긴급구조 전화가 25% 증가했다. 키프로스와 싱가포르의 구조전화는 각각 30%와 33% 증가했다. 오스트레일리아의 뉴사우스웨일즈 주의 한 여성안전조사의 데이터에 따르면, 코로나 시기 일선 근로자의 40%가 도움을 청한 횟수가 증가했으며, 70%의 사람들은 안건의 복잡성이 증가했다고 답했다. 가정폭력안건 숫자와 긴급보호요구의 보도 증가 현상은 캐나다를 비롯한 독일, 스페인, 영국, 미국 등지의 국가와 지역 전체에서 동일하게 나타났다.

공공위생 기간 중 가정폭력이 여성의 심신건강, 사회복지 및 직업업무 등에 미치는 영향은 더욱 심각하였다. 봉쇄와 격리 위주의 방역 조치로 인해 많은 가정은 사회와 격리 상태에 처했으며, 이는 피해자가 도움을 얻을 수 있는 기회와 구조할 수 있는 가능성을 일정 정도 약화시켰다. 다른 한편, 여성의 건강과 안전 보장의 실현에서 지체 현상이 나타났다. COVID-19의 만연과 질병의 급증으로 인해 공공시스템의 과부하가 의료 시스템에서 뿐만 아니라 지역사회 서비스, 심리적 지원, 보호소, 법 집행부 등 일선 기구에도 나타났다. 많은 병원과 지역사회 위생서비스센터는 가정폭력을 당한 여성을 구출할 여력이 없어졌으며, 법 집행부문과 사회적 구조 역시 시간과 에너지가 방역 시스템에 집중되어 가정폭력 피해자에 대한 구조는 낮은 수준의 기본 서비스를 유지할 뿐, 코로나 시기 급증한 구조 요청에 제 때 대응할 수 없었다.

둘째, 여성은 기술에 대해 취약하다. 최근 성별에 기초한 데이터 격차 현상이 점점 많은 주목을 받고 있다. 자원이 부족한 환경에서 여성과 여아는 스마트폰, 컴퓨터 혹은 인터넷 사용법을 몰라 온라인 의료, 온라인 쇼핑, 온라인 학습 등 자원 및 서비스의 채널을 획득하기 어려웠고, 정보기술조건의 획득에 있어 차별의 위험을 낳았다. 때문에 학교의 교육 체계가 정지되었을 때 빈곤가정에서는 종종 여아가 학습 기회를 희생하는 경향이 나타났으며 이로 인해 더욱 많은 가사 노동을 담당해야 했다.

6) 여론의 역할 – 당연시되는 수퍼우먼

첫째, 코로나 시기에 여성과 관련된 토픽 보도량은 줄어들었다. 웨이보 토픽에서 COVID-19가 폭발한 2020년 1월 20일부터 2020년 3월 20일까지 여성 토픽과 관련된 전염병 이슈를 관찰했을 때, 그중 조회수 1천만 이상, 댓글수 1천 이상, 토픽 주도자가 있는 경우를 검색하면 13개의 핫토픽이 있었다. 거기에는 '공군 의료대 급식 남녀 구분', '방역1선의 여성 역량', '그녀의 역량', '대단한 그녀에게 경례를', '후베이성 38홍기수로 서훈받은 샤스 등 네 명의 여성', '전염병에 직면한 중국 여성은 얼마나 위대한가', '사랑스런 당신에게', '여전사 출정 전후 대비도', '반짝 반짝 가장 아름다운 그녀', '역행 중인 그녀들', '여성의 날 일선 방역 여성의 소리', '일성 의료진 방역 여성 영웅 계보도', '여성 생리 위생 용품을 전염병 보장 용품 리스트에 넣다' 등이 있었다. 내용으로 볼 때 전염병 방역 관련(53.8%), 종합(30.8%)의 핫 토픽이

주가 되었다. 시간적으로 볼 때 여성의 날 기간에 집중되어, 3월 8일 여성의 날과 관련된 토픽이 6가지(69.2%)였으며 비非법정휴가기간의 방역 관련 여성 핫토픽은 겨우 4가지(30.8%)였다. 종합적으로 볼 때 코로나 시기 여성 관련 핫토픽은 아래와 같은 구체적인 특징이 있었다. 일상적인 화제의 비중이 감소하였으며 다량이 여성의 날에 전개된 집중적 선전과 관련된 것들이었다. 종합적인 여성 화제성 이슈가 다수를 점하고 방역 관련 여성 핫토픽 수량이 증가하였으나 주목할 만한 여성 형상을 만들진 못했다. 여성에 대한 여론의 역할은 여전히 비교적 단조로운 경향이 있었다.

둘째, 신화화된 전능의 수퍼우먼 형상 보도이다. COVID-19 기간 동안 여성(특히 일선 여성 의료진)에 대한 매체의 보도는 성별 차이, 개성, 특징을 평면화하는 방향으로 일종의 무아无我, 무성无性別의 수퍼맨 역할을 창조해냈다. 예를 들어 「후베이 원조 여전사는 식물인간 남편을 버려두고 의연하게 일선으로 떠났다」, 「우한 '90년대생' 여간호사, 유산한 지 열흘 만에 일선으로 돌아오다」, 「간쑤성 부녀아동보건원, 후베이 원조대 간호사를 위해 집단 삭발」 등의 경향성이 있는 보도들이 이어졌고 광범위한 논란을 촉발시켰다. 미디어의 이런 보도는 끊임없이 전염병 기간 중 여성에 대한 여론의 역할은 여성을 자발적인 자기희생, 죽음과 고됨을 불사, 심지어 '비-여성'의 영웅주의 형상으로 유도하였으며 방역진의 '희생과 헌신'이라는 완전무결한 역할의 전형을 만들어내었다. 여론의 영향으로 인해 일선 방역진의 '희생과 헌신'하는 형상에 대한 사회 대중들의 기대가 조성되어 코로나 시기에 여성은 더욱 무거운 정신적인 스트레스와 심리적 부담을 져야 했다. 정책 결정자든지 사회 대중, 혹은 여론 매체든지 이런 '주류적 관점'과 '보편적 기대'에 대하여 마땅히 경계를 해야만 이런 기대와 구상이 '당연한 것'이라는 인식을 하지 않을 수 있다.

5. 공공위생사건에서의 젠더 생태에 대한 반성적 의제 및 제도의 최적화

COVID-19이 폭발하여 변곡점을 거쳐 완화 단계에 이르기까지 공공위생사건에 대한 처치와 대책에 있어서 중국사회는 과거 SARS 당시와 비교할 때 거대한 발전이 있었다. 하지만 이와 동시에 위기 대응과 상시적 관리에 있어서 젠더관점에서 볼 때 여전히 부족하며, 특히 인식부족 문제가 드러나고 있다. 따라서 제도 차원의 일정한 피드백과 최적화가 필요하다. 공공위생사건에서의 젠더 생태에 대한 반성이란 여성을 피해자, 혹은 취약 계층으로 고착화하거나 여성권익 제일론을 주장하자는 것이 아니며, 더욱이 정책 방면에서 남성과 여성을 일도양단해야 한다고 주장하는 것이 아니다. 오히려 가치 차원에서 다양한 젠더 생태가 조화롭게 공존하는 역동적인 균형 상태를 추구해야 한다. 이런 '우호적 생태'에 기반한 융합적인 존재[12]가 새로운 시각에서 현행 공공위생사건의 법규와 정책을 검토하고 세부화하는 데에 유리하며 문제와 대책에 대해 비판적 사고를 전개하는 데에도 유리하다.

1) 거시적 차원 – 젠더 생태의 균형 회복과 발전의 필요성

'공공위생사건에서 젠더 생태의 제도적 최적화'한다는 것은 젠더 생태의 균형을 실현하고 증진시키기 위해 서로 다른 성별 주체의 합법적 권익을 보호하고, 공공위생사건과 관련된 정책, 법률, 법규, 규범에 있어서 젠더관점으로 이익 균형을 종합적으로 평가해서 모종의 규제 의도 혹은 거버넌스 기대, 그리고 권리와 의무의 관계 설정 및 그 상호 작용을 핵심으로 하는 규칙적인 활동을 드러내는 것이다. 이런 제도적 평가의 관계 형식은 일종의 의존, 제약, 상호작용, 협조의 상태 혹은 과정으로 묘사될 수 있다. 이런 기초위에서 공공위생사건에서 젠더 생태의 제도적 최적화는 일종의 절대화된 규칙에 집중하는 기계적인 설계가 되어서는 안되며 다른 성별 주체와 관계적 균형을 맞추고 다른 성별 주체가 구체적인 상황에서 합리적으로 분화하고 옳은 길을 찾아가도록 하는 생태를

---

12 吳隆文·傅慧芳,「성별의 균열 – 융합 매체 시대 여성 형상의 다층적 해체와 구축(性別僭越 : 融媒体时代女性形象的多维解构与建构)」[J],『当代青年研究』, 2019(06), pp.72~77.

만들어야 한다. 그럼으로써 이질적인 이익을 조화시키는 역동적 평형 상태에 도달할 수 있다. 이런 이익 균형이 형성되기 어려운 이유는 대비와 평가 척도가 부족하기 때문이다.[13] 하지만 다양한 가치의 경쟁과 지향 속에서 점점 합의적인 컨센서스가 등장하기 시작했다. 즉, 균형적인 젠더 생태는 사회 발전을 촉진하는 요소이며 이런 기본적인 가치 틀 내에서 제도적 개선을 통해 부단히 젠더 생태의 균형적인 최적화를 이루어야 한다고 보는 것이다.[14]

COVID-19 전염병의 표본 관찰에서와 같이 공공위생사건에서 여성이 처한 젠더 생태에는 심각한 균형 상실의 상황이 존재한다. 위험 사회의 위기는 이미 일상화되었다. 젠더 생태 역시 정태적이고 고립적인 맥락으로 존재하는 것이 아니라, 대중, 정부, 기업, 남성, 여성, 아동 등을 포함하는 다양한 집단이 공동 참여, 공동 탐색, 영향을 주고 받는 담론의 경쟁 과정 속에 섞여 있다. 올바르고 적절한 젠더 생태가 가치 차원에서 확립되고 여성 집단이 전체 사회 시스템 내에서 지속적인 발전을 추구하는 것은 공공위생 위기를 효과적으로 대응하고 건설적이고 과학적인 방역의 상시화를 실현하기 위한 중요 요소이다. 우선, 사회 시스템의 경제적 조건, 자원 배치, 정책 법규 등의 서브시스템 간의 상호 협조와 적응은 다양한 거버넌스 수단을 통한 '연합작전(콤비네이션 블로combination

---

13 梁上上, 『利益衡量论(第二版)』[M]. 北京 : 法律出版社, 2016, pp.74~77·97.
14 Ibid.

blow)'을 전개하여 전체 젠더 생태 균형에 공동으로 작용할 수 있다. 다른 한편, 젠더 생태 균형은 단순히 기계적인 균형의 상태를 말하는 것이 아니다. 그것은 사회 관리 차원에서 여성의 생존 환경과 특수한 요구를 무시함으로써 젠더 생태가 한층 균형을 상실하는 결과를 피하도록 젠더 시각을 사회 시스템 내 각 서브시스템의 활동 범위 안으로 진입시키는 것을 말한다.

2) 중기적 차원 – 젠더 시각을 법규 정책의 제도적 평가에 진입시키기

아프리카 에볼라 바이러스의 경험이나 필리핀과 인도에서의 COVID-19의 폭발적인 전개과정에서 이미 공공위생사건에서 인신매매, 폭력행위, 성학대, 성착취 등 성별에 기반한 범죄 활동이 더욱 심각해지는 것이 두드러지게 나타났다. 그러므로 젠더적 반성과 제도적 추구는 공공위생사건 정책의 과학성, 유효성, 민주성, 합리성에 도움이 될 것이다. 공공위생사건 관련 법률 법규와 정책 수립의 전 과정은 젠더 문제라는 전문 지식을 충분히 고려해야 하며, 제도의 제정과 실시, 제도의 평가와 피드백의 과정, 그리고 수단의 선택에서 젠더 시각을 반드시 고려해야 한다.

제도 제정의 과정에서 젠더 시각을 정책 결정의 절차 속에 포함시켜야 한다. 2019년 국무원이 발표한 「중대 행정 정책결정 절차 임시 조례重大行政決策程序暫行條例」의 규정에 따르면, 공공위생사건의 중대 행정 정책 결정은 이 조례 제3조에 열거되어 있는 "중대 행정

정책 결정사항" 중 "공공서비스, 시장 감독관리, 사회관리, 환경보호 등 영역과 관련된 중대 공공정책과 조치"에 속하며, 젠더 시각은 과학적이고 민주적인, 그리고 법에 의거한 정책 결정의 중요한 내용으로서 마땅히 공공위생사건의 응급처치, 상시화 방역 방안 및 사회 경제 회복의 제정과 정책 결정 과정에 구현되어야 한다. 구체적으로 여성에게 충분한 발언권話語权과 지도권 부여하기, 공공위생사건에서 여성의 취약성 고려하기, 여성이 지역사회社区 와 같은 기층조직의 정책 결정 과정에 참여하도록 고무함으로써 기층조직에서 특수 집단의 필요와 요구를 수집하고 피드백하기, 기층부녀 보호조직에 지지와 도움주기, 공공위생사건에서 여성의 목소리를 확대하고 여성의 추구 채널을 연장하는 것 등이 있다.

제도의 실행과정에서는 젠더 정책에 전방위적인 지원을 해야 한다. 제도 정착을 위해 일하는 사람들이 제도의 원 취지를 충분히 이해하고, 기본적인 젠더 보호의식을 배양하도록 도와야 한다. 기층대오의 기본 방역 물자와 건강과 안전을 보장하고 공공위생사건의 각 방안의 예산에서 젠더 평등과 여성 권익 보호 부분을 특별히 촉진하며 이 부분의 특별 기부, 부조 기금 등과 같은 분야에 투입을 늘린다. 또 각국 간 젠더 평등 촉진 정책 방면에서의 협동과 협력을 강화한다.

정책 피드백과 평가 과정에서 젠더 시각을 운용해 제도와 정책을 끊임없이 최적화해야 한다. 젠더 관련, 예를 들면 공공위생사건 관련 여성의 필요와 어려움 등에 관한 데이터를 추적 수집하여 문건이 현실에 적용되는 과정상의 어려움이나 실행에 있어서의 곤경을 관찰하고 적시에 제도 및 관련 조치의 정착 방식을 조정해야 한다.

3) 미시적 차원 – 젠더 생태균형을 위한 다원적인 거버넌스 수단을 풍부하게 하기

첫째, 방역에 있어서 '충분한 보호'와 '필요'를 구분하여 처리한다. 충분한 의료 방호 설비 공급 외에 팬데믹시기에 여성용품 등 특수한 자원의 제공을 늘려야 한다. 각종 위생용품, 생리용품, 보건용품 등을 일상적인 보장용품 목록에 포함시킨다. 이런 기초 위에서 전염병 보장용품 목록가운데 생리 위생 용품의 제공 대상을 의료진으로부터 기타 여성 방역요원과 여성 환자까지 확대하여 젠더 시각을 방역에서부터 더 광범위한 공공위생사건의 영향을 받은 사람에게까지로 확대한다. 다른 한편 일선 방역요원의 심리 건강 필요를 충분히 고려하여 핫라인, 온라인 및 정기 방문 등의 경로를 통해 일선 방호요원(의료, 지역사회, 법 집행 부문 등)과 폭력 피해를 입은 피해자 및 감염자 등 전염병의 영향을 받은 당사자에게 충분한 심리 건강 보장서비스를 제공한다.

둘째, 지역사회社區 건강서비스에 대한 지지와 자원을 보장한다. 먼저 지역사회 환경위생 개선 프로젝트와 건강서비스 업무를 추진한다. 지역사회 위생 사각지대를 없에는 작업을 강화하여 지역사회 감염의 위험을 낮춘다. 노인, 아동, 임산부 등 특수 집단의 건강 보장 업무 관련 데이터를 통계화하고 일상적인 예비 업무를 잘 처리한다. 지역사회안의 노년 집단의 거주와 생활 상황을 파악하고 독거노인 등의 집단에 대해 필요한 부식 구매, 방문 의료 등의 지원을 제공한다. 여성(부녀와 여아 포함)의 기본 보건서비스를 보장하고 일상적인 보건과 생식보건 서비스 공급을 확보한다. 둘째, 지역사회내 경제활동을 회복시키고 고무한다. 지역사회의 건강 조건과 경제 수준은 밀접한 관계가 있다. 지역사회 경제의 회복과 촉진을 통해 기층의 취업기회를 창출하면 지역사회 건강 조건을 위해 경제적 지지를 제공할 수 있으며 특히 청소부, 가사도우미, 요식업계 등 비공식경제 분야의 여성 종사자에 대해 일정한 기회를 제공하고 지지를 해 줄 수 있다. 셋째, 지역사회내 사회 보호 조치를 개선한다. 관할지역 내의 구조 핫라인, 가정폭력 혹은 성폭력 구조 요원 혹은 대오를 특별 설치하고 피해자 구조 창구를 증설한다. 마지막으로 지역사회내 교육선전을 강화한다. 전염병의 방역 상시화 단계에서 방호 지식의 보급을 업데이트하고 강화한다. 포스트 코로나 시기 위생건강 보건지식 교육을 일상 업무 메커니즘으로 정착시킨다. 동시에 여성 조직의 역량은 지역사회 업무를 위한 중요한 보충 역량의 한 기지가 될 수 있기 때문에 지리적 제한이 있는 지역사회의 획분방식을 타파하고 전파 거리와 사교 범위를 확대시킨다.

셋째, 가정 생활의 선순환을 유도하고 사회적 분담을 추구한다. 먼저 여성을 돌봄자의 역할로부터 분리시킨다. 돌봄자 개념에 대한 정의는 마땅히 '노동' 자체로 회귀시켜야 하며 가사 업무의 노동 가치를 인정하고 가족의 고착화된 전통적 성별 질서의 변화를 촉구하며 남성과 여성이 공동으로 가정을 책임지는 것을 지지하며 가사노동, 자녀 양육, 노인 부양 등의 일을 평등하고 합리적으로 분배해서 무보수 노동에서 여성이 담당하는 과도한 책임을 경감시킨다. 다른 한편으로, 돌봄자 역할을 사회적으로 분담시킨다. 가정의 안정과 존속은 사회 발전과 질서 규칙의 기초를 유지시키는 기초이기 때문에[15] 가정이 지닌 사회적 의의라는 면에서 보면 가족돌봄의 책임은 단순히 개인적 담론에 한정된 것이 아니다. 정부가 정책적으로 선도적 역할을 하여 가정을 지지하는 가정정책 시스템을 건립하고 발전형 가정을 추구하는 추세를 이끌며 동시에 지역사회를 중심으로 하는 가족 지지 네트워크를 건립해 사회적 자본을 끌어들여 방역 환경에서 가정이 떠안던 책임을 사회가 분담한다.

넷째, 평등한 취업과 이익 균형에 대한 지원을 보장한다. 먼저, 재택근무의 업무량과 업무 시간을 합리적으로 확정한다. 공공위생사건 기간 동안의 유연근무제와 교대근무의 기초는 전과 같은

---

15 聂飞, 「가정 정책에 있어 가정과 국가 책임 분담 연구(家庭政策中的家国责任分担研究)」[J], 『中州学刊』, 2018(08), pp.75~79.

합리적인 업무량, 합리적인 업무 시간 계획으로 돌아가야 한다. 『노동법』 규정에 부합하는 과학적 작업시간 제도를 만들어 노동자의 노동 성과가 객관적으로 인정받도록 하고 그에 상응하는 노동 보수를 획득하도록 하며, 합리적인 범위를 넘어서는 업무량과 업무시간에 대해서는 법률규정에 근거한 초과 근무 수당이 필요하다. 둘째, 포스트 코로나 시기 여성의 평등한 취업권과 필요한 경제적 도움을 보장한다. 경제 제도가 회복될 때 젠더관점은 필수적이어서 코로나 충격으로 인한 여성의 실업률을 낮추고 여성이 위기와 위험에 대응하고 직업 발전의 능력을 합리적으로 계획할 수 있게끔 하는 훈련과 제도를 강화해야 한다. 마지막으로 가사, 탁아 등 가정생활 및 수요와 밀접한 관련이 있는 업종을 중점적으로 보장하고 회복시킨다. 가사, 탁아 등 서비스 업종은 시장경제를 통해 가정 책임을 사회적으로 분담시키는 중요한 방식이다. 공공위생사건이 폭발할 때 이런 종류의 업종을 어떻게 점진적으로 회복시키고 어떤 범위 내에서 질서 있게 회복할 것인지에 대해서 반드시 조업 재개 기간과의 상관성을 고려해야 하며 일도양단식의 조업 중단, 혹은 조업 연기를 하면 안된다. 정부와 기층 지역사회 및 민간 조직은 충분히 역량을 발휘하여 이런 서비스의 기본적 수요를 집중 관리하고 유지해야 하며 여성 개인이 가정과 업무에 있어 과도한 부담을 지도록 해서는 안된다.

다섯째, 격리 기간의 안선 보호와 사법적 지지가 필요하다. 우선적으로 공공위생사건이 발생한 동안의 안전보호 방안을 제정한다. 폭력 침해 예방과 피해자 구제를 주요 내용으로 하는 안전보호 방안을 공공위생사건 처치 방안의 필수적 구성 요소로 한다. 피해자를 위한 기본 서비스로 인적, 물적, 재정적 방면의 지지를 제공하고 성별 폭력 반대와 구제 활동에 대한 홍보 역량을 강화한다. 예를 들어, 프랑스, 오스트레일리아, 영국 등의 국가는 가정폭력 피해자를 보호하는 조직을 위해 특별 자금을 제공함으로써, 법집행 부문, 위생 부문, 기층 지역사회, 여성 조직, 교육 기구, 심지어 민영 부문 등 전 사회적 주체를 (가정폭력 피해자) 지지 및 안전보호에 참여시키는 공동 노력을 선도적으로 행하고 있다. 둘째, 피해자에 대한 기본 서비스개방을 보장한다. 방역을 위한 제한 명령이 초래할 수 있는 폭력의 심화와 구제의 어려움에 대해서 마땅히 봉쇄 기간 동안 가정폭력 피해자에 대한 기본 서비스를 유지하고 개방해야 한다. 이런 기본 서비스는 보호소, 구조 핫라인, 심리 상담, 치료 보호 등을 포함하며 기본 서비스의 공급 범위를 넘어서는 것에 대해서는 적시에 예비 방안을 마련한다. 예를 들어, 프랑스의 경우 일부 호텔을 대체 숙소로 개조해 전염병 기간 동안 보호소가 수용할 수 없는 피해자를 수용했다. 마지막으로 피해자가 구제를 얻을 수 있는 사법적 채널을 확보한다. 법률 자문과 법률 원조 등 사법 구제 채널을 개통하고 가정폭력 구조시의 안전성에 관심을 기울여 피해자가 각종 정보 플랫폼과 온라인 수단을 통해 구조와 지지를 얻을 수 있도록 돕는다.

여섯째, 미디어의 역할은 언론 윤리와 함께 해야 한다. 다양한 여성 주체에 대한 홍보 활동을 풍부하게 해야 한다. 미디어는 젠더 격차를 직시하고 젠더 지식을 적절하게 보급하고 '수치'로 인해 생긴 편견, 차별, 오해 등을 없애야 한다. 여론 생태에서 여성 역할의 재조정을 통해 전 사회와 평범한 시민 사이에서 보편적으로 젠더적 시각을 갖는 분위기를 만들어야 한다. 다른 한편, 거버넌스의 선도적 역할에 있어서 플랫폼은 젠더 시각을 수용함으로서 기술 거버넌스의 장점을 충분히 발휘할 수 있다. 데이터와 알고리즘을 핵심으로 하는 기술 거버넌스를 통해 젠더 생태의 균형을 촉진하는 데에 있어 '알림' 역할을 해야 하며 젠더 관련 내용을 정기적으로 알리고 안전 홍보, 성별 평등, 여성 권익의 보호 등에 대한 노출 정도를 증가시켜야 한다.

COVID-19 팬데믹 상황에서의
'취약성'및 '취약계층' 문제에 대한 탐색

리잉타오(李英桃)

(한국어 번역 : 최영)

1. 개요

코로나-19 바이러스의 전 세계적 확산은 국제관계, 국가, 인종, 성별, 연령, 직업, 재산, 건강 등의 요소들에 상호 교차 영향을 주었고 이로 인해 기존에는 볼 수 없었던 정치적으로 새로운 특색을 가진 취약성 및 취약계층에 대한 문제를 발생시켰다. 보편적으로 기저질환을 가진 노인이나 남성, 장기간 동안 간호시설을 이용하는 주민, 소수민족 등의 사망률이 높았으며 의료자원이 부족한 의료진의 감염률 또한 높았다. 이는 사회 취약계층의 범위를 확대시켰으며 그 정도를 더욱 심하게 하였고 정치적으로 연약한 나라일

수록 취약계층들이 더욱 큰 위험에 직면하게 되었다. 하지만 한편으로는 이러한 상황을 극복하게 되면 2030년 UN의 지속가능발전목표Sustainable Development Goals; SDGs를 이루는 새로운 계기가 될 가능성도 있다.

2020년 초부터 현재까지 전 세계적으로 확산되고 있는 신종코로나바이러스19COVID-19 감염병은 인류에게 예측할 수 없는 막대한 생명과 재산의 손실을 주었으며 전 인류에게 유례없는 건강 및 공공위생 재난을 일으킴과 동시에 세계정치, 국제관계, 각 나라의 정치, 경제, 사회, 문화, 외교 등 영역에 전면적인 도전을 직면하게 만들었다. 「2007년도 세계보건기구 보고서」에서 당시 WHO 사무총장 마거릿 챈Margaret Chan은 "국경 폐쇄 등의 전통적인 방역조치는 질병이나 감염병 매개물의 전염을 막을 수 없다. 건강에 대한 위협은 해당 지역이외 타 지역에 까지도 영향을 미쳐 상업 활동과 경제에 지속적인 충격을 줄 수 있으며 취약성은 보편적으로 존재하고 있다Vulnerability is universal"[1]라고 하였다. 코로나-19 사건으로 인해 공공위생 의미상의 건강취약성과 국제관계, 국가, 인종, 성별, 연령, 재산, 건강 등 요소의 사회적인 취약성은 서로 교차영향을 받았고 이는 코로나-19와 관련된 새로운 '취약성vulnerability'

---

1 WHO, "The World Health Report 2007 : A Safer Future : Global Public Health Security in the 21st Century", 2007, p.vi.

및 '취약계층vulnerable groups'의 문제가 되었다. 본고에서는 코로나
-19가 전 세계적으로 확산됨에 따라 취약성 및 취약계층과 관련
된 모든 상황을 파악하여 사건을 겪고 있는 취약성 및 취약계층의
문제점을 해결하는 방안을 탐색해보고자 한다.

2. '취약성'과 관련된 개념 및 연구

'vulnerable취약적, 쉽게 다친다'이라는 단어는 라틴어'vulnerare'에
서 왔다. 영어로는 'to wound', 즉 '다칠 수 있다'라는 뜻이다. 후
기 라틴어에서는 'vulnerabillis'라고 하고, 전쟁터에서 다치는 병
사의 상태를 묘사하고, 이미 부상을 입은 상태이며 이차적으로 다
칠 위험도 있다는 뜻을 나타냈다. 즉 '취약성'이며, 또한 '쉽게 다
칠 수 있다', '쉽게 다칠 위험이 있다'라는 번역도 있다.

1) '취약성'과 관련된 개념

20세기 70년대부터 '취약성'이라는 단어는 자연재해를 분석하
는 데에 사용 되었다. 유엔 재해 기관UNDRO이 1979년에 '취약성'
을 주제로 한 「자연재해 및 취약성 분석 – 전문가 회의 보고서」를
발표했다.[2] 그 후로 이 개념은 점차 사회학, 생태환경, 빈곤 및 지
속가능한 발전 등으로의 영역까지 사용 되었으며 자연과학, 의료

과학, 컴퓨터과학, 공학, 사회과학 등 전 영역을 포괄시켰고 현재
는 한 가지의 연구시각과 분석방법이 되었다.

세계식량계획WFP은 식량안전의 입장에서 "취약성 – 식량안전리
스크 – 리스크를 막는 능력"이라는 주장을 하였다.[3] 세계은행은
「세계발전보고서 2000/2001」에서 '취약성'에 대해 이렇게 정의
했다. "취약성은 가정이나 개인이 어느 기간 동안 수입이나 건강에
위험을 직면하고 있을 뿐만 아니라 다른 위험(폭력, 범죄, 자연재해, 학
업중단)을 직면한다는 것도 의미할 수 있다."[4] 그러나 「2005-2015
년 병기고 행동대강 – 국가 및 지역사회의 재난 방지능력」에서는
'취약성'을 이렇게 정의했다. 즉 "취약성은 자연, 사회, 경제 및 환
경요소나 활동으로 인해 결정된 조건이며, 이런 조건으로 인해 지
역사회가 리스크의 영향을 더욱 쉽게 받을 수 있다".[5]

사회취약성social vulnerability 개념은 사회체제의 내부구조특징이

2   UNDRO, "Natural Disastersand Vulnerability Analysis : Report of Expert
     Group Meeting", Gine-bra : UNDRO, 1979.
3   한정(韓峥), 「취약성분석 및 그래픽체계가 중국 구빈 프로그램에 적용되다」,
     『중국농업자원 및 구분』 2001년 1권, 49쪽.
4   World Bank, *World Development Report 2000/2001 : Attacking Poverty*, New
     York : Oxford University Press, 2000, p.19.
     https://elibrary.worldbank.org/doi/pdf/10.1596/0-1952-1129 4
5   「2005-2015년 병기고 행동대강 – 국가 및 지역사회의 재난방지능력」, 6쪽.
     https://www.preventionweb.net/files/1037_finalreportwcdrchi-
     nese1.pdf

취약성에 미치는 영향을 중점에 둔다. 즉 사회체제가 가지고 있는 선천적인 불안정성과 민감성으로 초래된 빈곤, 불공평, 비주류화, 사회적인 박탈, 사회적인 배척 등에 착안하고 있다. 이것으로 사회에서 가장 취약한 집단을 식별하고, 인류사회에 악영향을 끼치는 정치적, 경제적, 제도적, 그리고 문화적 요소를 탐구하며, 사회체제의 적응력과 회복력resilience을 높이는 체제와 대책을 마련하도록 한다. '빈곤 취약성poverty vulnerability'은 가정의 미래복지와 관련되는 위험성을 형상화하는 데 사용된다. 빈곤취약성에 대한 연구는 전통적인 경제빈곤 지표가 가정 및 개인의 복지수준을 정태적으로 평가하는 데의 부족함을 보완할 수 있다.[6]

취약성은 동태적인 것이며 상대적인 것이다. 상황에 따라 다르게 나타나며 수입, 건강, 위험, 민감성, 노출정도, 환경, 그리고 사회관계가 모두 취약성에 영향을 주는 중요한 요소이다. 일정한 환경에서 자신과 환경의 공동적인 영향을 받아 취약성을 가지게 되는 집단이 바로 취약계층vulnerable group, 혹은 취약인구vulnerable population라고 한다. 학자마다 이것에 대한 분류 방식이 각각 다르며 예컨데 생태취약성 계층, 생리취약성계층, 및 사회취약성 계층 등 있다.[7]

---

6   곽진광, 「우리나라 빈곤인구의 취약정도 및 빈곤동태」, 『통계연구』 2011년 제9호, 42~48쪽.

7   황광시, 「취약성 분석 및 취약인구의 사회적인 보호」, 『중국인구·자원 및 환경』 2009년 19권, 222~223쪽.

2) 건강과 의료위생 영역의 "취약성"에 대한 연구

건강과 의료위생 영역에서 어떤 학자는 "인형"을 예로 들어 취약성에 대해 해석한 바가 있다. 즉 유리, 플라스틱, 강철로 만든 '인형'을 망치로 각각 때려 부수면 유리로 만든 인형이 가장 취약하고, 강철로 만든 인형이 가장 취약하지 않다.[8] 이 비유는 개체와 환경, 내적 요인과 외적 요인의 관계를 생동적으로 설명해 주었다.

(1) 취약성과 '취약성 통일체'

미국 위싱턴대학의 학자 Marion H. Rose와 Marcia Killien은 사람의 건강은 개인과 환경의 상호작용 결과이며 위험성과 취약성을 구별해야 된다고 하였다. 위험성은 환경 속에 존재하고 있으나 취약성은 건강에 영향을 미치고, 환경과 서로 영향을 주고 받는 개인적인 특징이라고 보고 있다.[9]

그들은 '취약성 통일체continuum of vulnerability'라는 개념도 소개했다. 이런 통일체에 속하고 있는 개인은 항상 상황이 변화 될 수 있는 것으로 본다.[10] 캐나다 브런즈웍대학의 임상강사 Ada C. Roger의 견해에 따르면 모든 사람은 일생 중 취약한 시간이 모두 있

---

8 E. James Anthony and Bertram J. Cohler, eds., *The Invulnerable Child*, New York : Guilford, 1987.
9 Marion H. Rose and Marcia Killien, "Risk and Vulnerability : A Case for Differentiation", *Advances in Nursing Science* Vol.5, Issue.3, 1983, p.60.
10 Ibid., p.65.

을 수 있으나 어떤 사람은 다른 사람보다 훨씬 건강문제가 쉽게 발생한다. 취약성은 개인적인 요소와 환경요소가 상호작용한 결과라고 한다.[11]

(2) 건강과 의료위생영역의 취약계층

미국 텍사스대학교 휴스턴공공위생대학 Lu Ann Aday 교수가 WHO에서 1948년도 발표한 건강에 대한 정의에 따르면 취약계층은 신체, 심리, 혹은 사회건강불량의 위험에 처하고 있다고 하였다. '상대적인 리스크'의 개념으로 집단마다 건강불량에 대한 취약정도를 고찰하였다.[12] 그는 취약계층을 노숙자, 난민, 이민자, 에이즈 환자, 알콜 중독자, 약물 남용자, 고위험 산모와 영유아, 가정폭력이나 다른 폭력 피해자, 만성질환이나 정신병환자 등 9개 취약계층으로 나누었다.[13] 미국 코네티컷 대학교 Alex Gitter-man 교수는 건강상황과 사회 환경이라는 두 가지 방면으로 취약계층을 범주화하였다. 전자는 에이즈 환자, 만성질환 환자, 장애인, 학습장애자 등을 포함시켰으며, 후자는 학대나 무시를 당한 아동, 동성애자, 노숙자, 이민자, 난민, 배우자 학대 피해자, 장기

---

11 AC.Roger, "Vulnerability, Health and Health Care", *Journal of Advanced Nursing* Vol.26, 1997, pp.65~72.

12 Lu Ann Aday, *At Risk in America : The Health and Health Care Needs of Vulnerable Populations in the United States*(Second Edition), San Francisco : Jossey-Bass Publishers, 2001, p.xvii · 4 · 6.

13 Ibid.

간 동안 간호를 받아야 하는 노인, 유색인종 여성, 그리고 위험직업 종사자 등을 포함시켰다.[14]

　본고에서는 아래와 같이 의견을 제시한다. 즉 일정한 상황 아래 특정주체의 취약성＝직면하는 리스크-리스크를 막는 능력; 동시에 취약성은 동태적, 상대적, 상황적인 특징을 가지고 있으며, 개인과 환경의 관계는 '취약성통일체'의 일정한 상황에서 나타난다. 이에 근거하여 본고에서는 특정한 신체조건 하에 이환성, 노출정도, 기타 사회적인 요소의 공동적인 영향을 받아, 코로나-19가 특정한 집단에 가져다 준 건강과 직접 관련되는 취약성을 건강취약성Health vulnerability이라고 칭하겠다. 이와 관련되는 집단을 '건강취약계층health vulnerable group'이라고 할 것이다. 기타 코로나-19 전 세계 유행 및 대응조치로 인하여 생긴 취약성과 기존에 있던 사회취약성이 서로 중첩, 교차되어 형성 되며 강화된 취약성을 합쳐서 사회취약성이라고 칭할 것이다. 아울러 이와 관련된 집단을 사회적 취약계층이라고 할 것이다.

14　Alex Gitterman, ed., *Handbook of Social Work Practice with Vulnerable and Resilient Populations*(second edition), New York : Columbia University Press, 2001.

3. 코로나-19 펜데믹의 건강취약성 및 취약계층

1848년 세포병리학 창시자, 독일 임상학자, 정치가, 사회개혁가인 루돌프 버초우Rudolf Virchow는 "의학은 한 가지 사회과학이나 정치는 대규모적인 의학이다"라고 하였다.[15] 코로나-19는 인류의 건강, 공공위생, 정치, 경제, 사회, 문화 및 이들의 상호관계에 대한 영향을 매우 거대하고 심각하게 주었다.

1) 건강취약성은 보편적으로 존재하는 것이다

인간은 아직도 코로나-19에 대해 연구하고 탐색하고 있는 중이다. 중국 우한에서 최초로 발병된 뒤 중화인민공화국 국가위생건강위원회는 「신종코로나바이러스 예방지침」(아래 '예방지침'이라고 약칭한다)과 「신종코로나바이러스에 감염된 폐렴의 진료방안」(아래 '진료방안'이라고 약칭한다)을 여러 차례로 발표하고 갱신했다. '예방지침'의 첫 번째 버전에서는 노인, 어린이, 학생 이 세 가지 특수 집단에 관련된 내용, 그리고 유치원(혹은 학교), 양로원, 근무장소, 교통수단, 공공장소, 가정 내 격리 등 특정 장소와 관련된 지침이 포함되었다.[16] 「진료방안」(임시 4판)에서는 쉽게 감염되는 집

---

15 리잉타오, 『여성주의 평화학』, 상해인민출판사, 2012, 306쪽.
16 「신종코로나바이러스 방역지침(초판)」.
    http://www.gov.cn/xinwen/2020-002/02/content_5473933.htm

단과 관련된 내용이 있다. 즉 "보편적으로 감염되기 쉽고, 노인이나 기저질환이 있는 사람은 감염되면 중증이 될 가능성이 크며, 어린이와 영유아도 감염될 수 있다".[17] 「방역방안」(6판)에서는 "보편적으로 감염되기 쉽고, 조기 발견, 조기 보고, 조기 격리, 조기 치료"만 언급하였다.[18]

최근에는 "대중에게 보편적으로 감염되기 쉽다"라고 인식되었다. 최초에 노인이나 기저질환을 가진 사람은 감염되면 중증으로 발생하는 가능성이 크다는 견해가 새로운 버전에서는 다시 언급되지 않았다. 그러나 노인, 아동, 학생, 양로원, 장애인 복지기관 및 감옥 등 장소의 특수성은 각 버전에서 모두 중요시 했다.

2) 일반 건강취약계층 중의 특수집단

코로나-19는 호흡기 질환으로서 강한 전염성을 가지고 있다. 그래서 건강취약성은 단기간에 바이러스에 노출되는 것과 직접적인 관련성이 있다.[19] 중국의 경험과 WHO, 각 나라의 방역지침에

---

17 「신종코로나바이러스 감염된 폐렴의 진료방안(임시 4판)」, 2020.1.27.
http://www.nhc.gov.cn/xcs/zhengcwj/202001/4294563ed35b43209
b31739bd0785e67/files/7a9309111267475a99d4306962c8bf78
18 「신종코로나바이러스폐렴 방역방안(6판)」, 2020.3.7.
http://www.nhc.gov.cn/xcs/zhengcwj/202003/4856d5b0458141fa9f
376853224d41d7/files/4132bf035bc242478a6eaf157eb0d979
19 World Bank, "Gender Dimensions of the COVID-19 Pandemic".

206   젠더와 소수자의 시각으로 본 중국 코로나

서 모두 감염예방으로서 가장 중요한 것은 손 자주 씻고, 사회적인 거리를 잘 유지해야 한다는 점을 강조했다. 물, 적절한 거주 환경, 마스크 등의 방역용품이 일상 방역의 필수품이 되었다. 충족한 자원이 보장되는지, 자신을 보호하고 감염되지 않도록 충분한 능력을 가지고 있는지가 관건이 되었다.

미국질병 관리 예방 센터Centers for Disease Control and Prevention, CDC에는 코로나-19와 관련하여 "추가적인 예방조치가 필요한 집단"이라는 항목이 제시되어 있다. '고위험집단'과 '기타 집단' 두 부분으로 나누어져 있으며 전자는 주로 65세 이상 노인과 기저질환이 있는 자를 포함하고,[20] 후자는 주로, 임산부, 노숙자, 장애인을 포함한다.[21] 개체적으로 보면 이런 사람들이 다른 사람들보다 코로나-19가 감염되는 위험이 훨씬 크다는 것은 아니다. 그러나 노인, 특히 양로원이나 장기간동안 간호시설을 이용하는 집단, 각 연령층에 기저질환 있는 집단, 특히 기저질환이 제대로 관리되어 있지 않은 집단이나 신체적인 장애가 있는 사람들이 코로나-19에 감염

---

http://documents.worldbank.org/curated/en/618731587147227244/pdf/Gender-Dimensions-of-the-COVID-19-Pandemic

20 미국질병관리예방센터, 「고위험집단」.
https://chinese.cdc.gov/coronavirus/2019-ncov/need-extra-precautions/people-at-higher-risk.html

21 미국질병관리예방센터, 「임신 중 및 모유수유 중인 여성」, 2020.5.9.
https://chinese.cdc.gov/coronavirus/2019-ncov/need-extra-precautions/pregnancy-breastfeeding.html

되면 다른 심한 합병증을 유발할 위험이 훨씬 크다.

임산부, 산모, 모유수유 중인 여성들이 신체적인 변화나 출산, 모유수유, 아기를 돌봐주어야 됨으로 더욱 큰 도전을 직면하게 되었다. 세계보건기구가 민중들에게 제공한 코로나-19와 관련되는 건의사항 중에서 임신, 출산, 모유수유 등에 대한 전문적인 소개가 있다. 또한 "여성이 출산하는 전 과정에선 최상의 배려를 받을 권리가 있다"고 강조했다. "코로나-19 감염여부를 떠나 모든 여성은 안전하고, 긍정적인 출산 경험을 가질 권리가 있다"라고 강조했다.[22] 2013~2015년 서아프리카에서 발생한 에볼라Ebola 바이러스 감염이 임산부에 미친 영향을 보면, 이 문제가 바이러스에 감염되는 것과 관련이 될 뿐만 아니라 임산부, 산모의 사망률, 5세 이하의 아동 사망률과 직접적인 관련성이 있다고 밝혔다.[23]

노숙자들 중에 노인이나 기저질환이 있는 사람이 많다. 그들의 생존 환경은 코로나-19 감염예방 조건에 맞지 않다. 심한 질병에 걸리는 위험성도 훨씬 크다. 미국질병관리예방센터의 의견에 따르면 노숙자가 특히 취약계층이라고 한다. 가능하면 위험성이 가장 높은 노숙자들을 위해 지정된 비 집중적인 거주 환경을 제공해

---

22 WHO, "Coronavirus Disease(COVID-19) Advice for the Public", 2020.5.9. https://www.who.int/emergencies/diseases/novel-coronavirus-2019/advice-for-public

23 David A.Schwartz, et al., eds., *Pregnant in the Time of Ebola : Women and Their Children in the 2013-2015 West African Epidemic, Switzerland,* Springer Nature Switzer land AG, 2019.

야 하고 이렇게 함으로써 그들이 코로나-19의 위협을 피할 수 있다.[24] 의료시설이 낙후된 저개발국가, 발전도상국가의 사회적 취약계층에 있어서 물, 적절한 거주환경, 마스크 등 방역용품은 아마도 사치품이 될 수 있다. 만약 감염병 유행되면 피난소, 빈민가의 거주환경이 코로나-19를 예방하는 데 어려움을 줄 수 있다.

세계보건기구는 학교, 직장, 기관에 기술지침 제공과 동시에 식품안전, 호텔, 여행지숙소시설, 감옥 및 기타 구금 장소, 학교, 직장, 장기간 간호시설 등 방면의 내용도 포함시켰다.[25] 세계보건기구는 각 나라들에게 각종 공공위생상황을 다르게 대응해야 한다고 당부했으며 코로나-19의 예방과 관리하는 데 일괄적인 방법이 없는 것으로 인식 되었다.[26]

의료위생요원들이 코로나-19 감염병을 대처하는 최전방에 위치하여 아주 큰 감염위험에 직면하고 있다. 의료자원이 부족하고,

---

24 미국질병관리예방센터, 「노숙자들」.
   https://chinese.cdc.gov/coronavirus/2019-ncov/need-extra-preca
   utions/homelessness.html
25 WHO, "Coronavirus Disease(COVID-19)Technical Guidance : Guid-
   ance for Schools, Workplaces&Institutions".
   https://www.who.int/emergencies/diseases/novel-coronavirus-2019
   /technical-guidance/guidance-for-schools-workplaces-institutions
26 WHO, "Preparedness, Prevention and Control of COVID-19 in Prisons
   and other Places of Detention(2020)".
   http://www.euro.who.int/en/health-topics/health-determinants/pris
   ons-and-health/publications/2020/preparedness-prevention-and-co
   ntrol-of-covid-19-in-prisons-and-other-places-of-detention-2020

감염된 환자의 양이 의료기관이 감당할 수 있는 한계를 넘으면 더욱 그렇다. 세계보건기구가 의료요원들에게 제시한 지침서에는 이런 내용도 있었다. 이 집단들이 직면하게 될 것은 노출된 바이러스 외에 장기간 근무, 심리적 부담, 피로감, 번아웃 증후군, 치욕감 및 심신폭력이 포함된다.[27] 도시 폐쇄, 자가 격리로 코로나-19를 대처하는 경우에 의료요원들과 상황이 비슷한 사람이 있다. 즉 시민들의 삶에서 빠지면 안 되는 경찰, 경비원, 대중교통 기사, 택배기사 등이다. 이 사람들이 건강상으로 연약한 '유리인형'이 아니지만 직업성질 및 작업 환경 때문에 바이러스가 노출된 환경에서 무리하게 일하게 될 수도 있다. 이런 경우에는 망치로 반복적으로 '강철인형'을 부수는 것과 같이 건강이 나빠질 가능성이 높아진다.

취약성의 정의와 세계보건기구, 중국과 미국 등 나라의 코로나-19 감염예방지침을 참고하여 본고에서는 주로 신체상황, 환경조건, 직업특징 이 3가지 방면으로 '건강취약계층'에 대해 유형화하고자 한다. 우선 신체상황에 따라 건강취약계층은 노인, 심한 기저질환 환자, 임산부, 장애인 및 기타 신체, 심리, 정신적인 질병을 가진 환자 등을 포함시킬 수 있다. 둘째, 거주 환경과 생활 환경 등

---

27 WHO, "Coronavirus Disease(COVID-19) Outbreak : Rights, Roles, and Responsibilities of Health Workers, Including Key Considerations for Occupational Safety and Health", 2020.5.9.
https://apps.who.int/iris/rest/bitstreams/1272583/retrieve

외부환경 기준으로 노숙자, 양로시설 이용자, 교도소 수감자, 유치원 및 학교를 다니는 아동과 청소년, 그리고 빈민촌 등 거주환경이 적절하지 않은 사람들을 포함시켰다. 셋째, 직업특성상으로 의료요원, 경비원, 대중교통 기사, 택배기사, 기타 바이러스가 노출될 확률이 높은 환경에서 일하는 사람들을 포함시켰다. 이 세 가지 방면은 서로 상호작용도 일어나고, 종합적인 작용도 일어난다. 예를 들어, 간호시설을 이용하는 기저질환을 가진 노인, 장애인, 그리고 의료자원이 부족하고 대응조치가 미흡한 의료진들이 감염될 확률이 훨씬 높을 수 있다.

3) 건강취약계층에 대한 통계와 관찰

코로나-19 감염병이 유행되자 전 세계 각 유명한 의학학회지들, 예를 들어, *The Lancet*, *The New England Journal of Medicine*, *The Journal of the American Medical Association*, 『중화 유행병학 학회지』에 관련된 조사보고서와 연구 논문이 발표됐다. 세계보건기구, 각 나라 질병 관리 및 예방기관 및 언론매체들이 모두 다양한 소식을 전하고 신체상황, 환경조건, 직업특성 또한 서로 교차되며 상호작용이 일어난다는 것을 추적 보도했다. 구체적으로 보면 다음과 같이 5가지 방면에서 나타난다.

(1) 연령

중국의 어느 연구에 따르면 2020년 2월 11일까지 대다수 확진자의 연령은 30~79세이며, 86.6%를 차지한다. 60세 이상의 사망사례가 전체 사망사례의 80% 이상을 차지한다. 사망률은 연령층 증가에 따라 높아진 것으로 보인다.[28] 또 다른 중국과 관련된 연구에 따르면 2월 8일까지 20세 이하 청소년의 사망률이 아주 낮은 것으로 나왔다. 연령층의 증가로 인해 심해진 정도의 예상수치는 사례보고서에서 명확히 반영되었으며 평균적으로 50~60세 사이이다.[29] 독일 질병관리 기관인Robert Koch Institute 연구소는 2020년 5월 2일까지 67%의 확진자가 15~59세 사이이며, 사망자 중 87%의 나이는 70세 이상의 노인인 것으로 발표했다. 하지만 이 연령층도 확진자 사망률은 불과 19%이다. 양로원과 병원에서 감염된 환자의 사망률이 훨씬 높다.[30]

---

28 중국질병예방관리센터 코로나-19 감염병 대응체제 유행병학팀, 「코로나-19 폐렴 유행병학 특징 분석」, 『중화유행병학회지』, 2020.2, 2호.

29 Robert Verity, etal., *Estimates of the Severity of Coronavirus Disease 2019 : A Model-Based Analysis*, Lancet In fect Dis2020, Published Online, March 30, 2020, p.8. https://www.thelancet.com/action/showPdf?pii=S1473-3099%282 0%2930243-7

30 Robert Koch Institute, "Coronavirus Disease 2019(COVID-19)Daily Situation Report of the Robert Koch Institute", 2020.5.2. https://www.rki.de/DE/Content/InfA Z /N/Neuartiges_Coronavirus/S ituationsberichte/2020-05-02-en.pdf?__blob=publication File

(2) 성별 비율

성별 비율을 보면 중국, 일본, 미국, 및 유럽국가의 통계에서는 남성 확진자의 수가 여성보다 모두 약간 많은 것으로 나타난다. 중국의 연구결과를 따르면 2020년 2월 11일까지 남성 확진자의 대략적인 사망률이 2.8%이며,[31] 이는 전체 사망사례의 63.8%를 차지하고, 여성의 대략적인 사망률은 1.7%로, 전체 사망사례의 36.2%를 차지한다.[32] 한국에서 남성 확진자의 수는 전체의 62%이나, 사망률은 여성보다 89%가 더 높은 것으로 보인다.[33] 독일의 보고서에 따르면 확진자 중에 52%는 여성이며, 48%는 남성이다. 하지만 사망률에 있어서는 남성이 56%이고, 여성은 44%이다.[34] 이탈리아의 4월28일까지 데이터를 따르면 각 연령층의 남성의 대략 사망률은 모두 여성보다 높은 것으로 보인다.[35] 임산부 확진자

---

31 '대략 질병사망률'이란 대략적으로 계산되는 사망률이며 질병사망률은 일반적으로 장기간 관찰 및 대규모 유행병학 조사를 통해 분석된 권위적인 결론이다. 그런데 코로나-19는 갑자기 확산된 것이므로 연구자들이 정확한 사망률 데이터를 통계 낼 수가 없고 그래서 현재까지의 질병사망률은 대략적으로 계산된 것이기 때문에 각 나라의 사망률 차이가 다소 큰 것으로 보인다.

32 중국 질병 예방관리 센터 코로나-19 폐렴 대응체제 유행병학 팀, 『코로나-19 폐렴 유행병학 특징분석』, 148쪽.

33 "Why Is the Coronavirus So Much More Deadly for Men than for Women?", *Los Angeles Times*, March 21, 2020.
https://www.latimes.com/science/story/2020-03-21/why-is-the-coronavirus-more-dead-ly-for-men-than-for-women

34 Robert Koch Institute, "Coronavirus Disease 2019(COVID-19) Daily Situation Report of the Robert Koch Institute".

35 GEDIVISUAL, "Tassodiletalitàperfasciad'etàesesso", 28 April, 2020.

의 상황에 대해서는 앞으로 한층 더 연구할 필요가 있다.

(3) 직업

중국은 2020년 2월 11일까지 우한의 의료진 중의 총 1,688명이 코로나-19에 감염되었으며 보통 60세 이하로서 대다수가 경증환자이고, 중증환자는 247명으로 14.6%를 차지하고, 사망자는 5명으로 0.3%를 차지한다.[36] 중국 각 지역에서 후베이성湖北省을 지원한 의료진은 약 4.2만 명인데 그중 여성은 2/3를 차지하였으며[37] 다행히 그중에서 감염된 사람이 없었다. Robert Koch Institute 연구소의 데이터에 따르면 의료기관에서 근무하던 확진자 중 72%는 여성이며, 28%가 남성이다. 평균 연령은 41세이다.[38] 그러나 의료진의 감염 상황은 각 나라별로 큰 차이가 나는 것으로 보인다. 스페인 『국가신문ELPAÍS』은 정부 데이터를 근거하여 의료

---

https://flo.uri.sh/story/240006/embed?v2#slide-0
사망률은 사망자 인원수와 확진자 인원수의 백분율을 가리키며, 연령층과 성별로 각각 분류했다. 흑룡강외국어대학교 서양어대학과 마백현(Fabio Selva) 교수님께 특별히 감사의 말씀을 전한다.

36　중국 질병 예방관리 센터 코로나-19폐렴 대응체제 유행병학팀,「코로나-19 폐렴 유행병학 특징 분석」.

37　중화인민공화국국가위생건강위원회,『2020년 3월 8일 기자회견문자실록』, 2020.3.8.
　　http://www.nhc.gov.cn/xcs/fkdt/202003/a54a40ae28764f3581f36cc 31204433c.shtml,https://baijiahao.baidu.com/s?id=16605842677852 72056&wfr=spider&for=pc

38　Robert Koch Institute, "Coronavirus Disease 2019(COVID-19) Daily Situation Report of the Robert Koch Institute".

진의 감염률이 약 20% 정도 된다고 발표했으며 이는 이탈리아보다 10%를 초과했다.[39] 최근에 많은 언론매체와 개인방송에서 스페인 의료진 감염률이 세계 1위라고 보도했으며 이는 의료자원 부족과 테스트 능력 부족이 주원인으로 보여진다.

(4) 환경, 연령, 직업

이들은 서로 교차되어 영향을 준다. 미국, 영국, 스웨덴, 호주 등 모든 나라는 양로원에서 감염된 사례가 있다고 보도하였다.[40] 영국『타임즈』의 2020년 4월 22일 뉴스에 따르면 영국 양로원의 사망자 수는 지난 2주 동안 두배로 증가되었다.[41]『로스앤젤레스 타임즈』는 2020년 5월 2일 미국캘리포니아 주의 세쿼이아 온천 요양원에서 코로나-19 감염이 치명적으로 발생되었다고 보도했다. 감염된 사람 중에 주민은 115명, 의료진이 61명이었으며 이

39 Oriol Güell, "Coronavirus in Spain : Spain Ranks First for Covid-19 Infections Among Healthcare Workers" ELPAÍS, 25 April, 2020. https://english.elpais.com/spanish_news/2020-04-25/spain-ranks-first-for-covid-19-infections-among-healthcare-workers.html
40 California Department of Public Health, "Skilled Nursing Facilities : COVID-19". https://www.cdph.ca.gov/Programs/CID/DCDC/Pages/COVID-19/SNFsCOVID_19.aspx
41 Kat Lay and Tom Calver, "UK Care Home Deaths Double in Four Weeks Coronavirus Linked to more than 1, 000 Fatalities", April 22, 2020. https://www.thetimes.co.uk/article/uk-care-home-deaths-double-in-four-weeks-7hjwb2bxf

중 26명의 주민이 사망했다. 감염된 한 간호사는 "우리는 준비가 잘 되어 있지 않았으며 이에 대한 충분한 사전 토론 및 준비가 없었기 때문에 통제할 수 있는 기회를 놓쳤다"라고 했다.[42] 미국 캘리포니아 주에서는 2020년 4월 17일부터 양로원 코로나-19 감염상황을 정기적으로 보고하고 발표하라고 요구했다.

(5) 인종문제

미국의 인종문제는 코로나-19 발생 후 더욱 드러났다. 미국 질병관리센터의 통계데이터에 따르면 미국 인구 중 13%를 차지하고 있는 아프리카계 미국인 감염자는 총 환자의 33.1%를 차지하며 이는 다른 인종보다 큰 비중을 차지하고 있음을 나타낸다.[43] 영국의 데이터 역시 백인보다는 아시아계와 흑인의 사망률이 훨씬 높았으며 이것은 아마도 소수민족들 중에 현장에서 근무하는 간호사와 의사의 비중이 크거나 자택근무가 불가한 업종의 종사자

---

42 Anita Chabria and Melissa Gomez, "This Nursing Home Had California's Deadliest Coronavirus Out break. 'We Weren't Prepared'", May 2, 2020.
    https://www.latimes.com/california/story/2020-05-02/how-nursing-homes-became-coronavirus-hot-zones-in-california
43 All is on Aubrey and Joe Neel, "CDC Hospital Data Point to Racial Disparity in COVID-19 Cases", April 8, 2020.
    https://www.npr.org/sections/coronavirus-live-updates/2020/04/08/830030932/cdc-hospi-tal-data-point-to-racial-disparity-in-covid-19-cases

가 많기 때문일 것이다. 아울러 거주환경이 열악하고 인구밀집이 높은 것도 원인이 될 수도 있다.[44] 이런 상황은 다른 서양국가에서도 동일하게 존재하고 있다.

통계자료에서는 노인, 특히 양로원에서 거주하는 노인의 사망률이 높았으며 이는 세계보건기구와 각 나라의 관련 지침이 상응하였다. 소수민족은 방역지침의 특수집단에 포함시키지 않았지만 그들과 사회취약성의 관계를 보면 이 결과에 예외적이지 않았다. 남성도 코로나-19 방역지침에서 언급한 특수집단에 속하지 않았었다. 이것에 대해서 추후 연구가 필요하다. 의료진의 감염상황은 나라마다 차이가 크며 충분한 준비와 의료자원 공급이 아주 중요하다는 것을 알 수 있다. 중국의 경우엔 우한으로 파견된 의료진 중 감염된 사람이 한명도 없었으며 이는 모든 중국 사람들이 힘을 모아 우한을 응원해 주는 중국제도의 우월성을 보여주었다. 코로나-19를 이겨내는 과정을 통해 인간은 이 질병에 대해 점점 알아가게 될 것이며 이에 따라 데이터도 계속 바뀌고 있다. 예를 들어,

---

44 Liam Mannix, "In the UK, Being Black or Asian Makes You More Likely to Die from COVID-19", May 11, 2020.
   https://www.smh.com.au/national/in-the-uk-being-black-or-asian-m akes-you-more-likely-to-die-from-covid-19-20200511-p54rvt.html
   본고 원고 마감 전까지 미국 경찰 '무릎살인사건'이 발생하지 않았다. 하지만 인종차별 문제와 취약계층이 직면하는 문제들은 이미 코로나-19를 통해 드러났고 최근의 전 세계적인 코로나-19가 확산과 인종차별, 그리고 미국 내에서 인종차별에 대한 항의 시위들 등이 '취약성'과 '취약계층'에 대한 연구가 중요하다는 것을 보여주고 있다.

최근에 어린이 감염률이 높아졌고 이들에게 새로운 증상이 나타났다는 보고가 잇따라 나왔다. 중국의 데이터에서는 임산부들의 코로나-19에 대한 취약성은 뚜렷하지 않는 것으로 나타났다. 임산부의 건강 상황, 의료시설 및 대응조치가 그의 취약정도에 직접적인 영향을 미친다.

4. 코로나-19로 촉발된 사회취약성 및 취약계층

코로나-19가 전 세계적으로 확산되면서 감염상황과 대응조치로 인하여 초래된 '2차적 위험' 및 '사회취약성'도 보편적으로 존재한다. 코로나-19가 각 나라의 위생서비스 시스템을 파괴시키고, 광범위한 사회경제 혼란을 일으켰으며 의료시스템에도 큰 타격을 주었다. 감염병을 막기 위해 실행한 '도시폐쇄', 사회적인 활동 금지 등의 조치들이 사회경제에 심각한 영향을 끼쳤다.[45] 국제관계의 요소가 코로나-19의 영향을 더욱 복잡하게 한다. 미국 증권시장은 연속으로 '서킷브레이커' 현상이 나타났으며 다른 나라들도 비슷한 현상이 나타났었고 각 나라 항공업체의 피해가 막심

---

45 세계보건기구,「COVID-19전략갱신」, 2020.4.4.
　　https://www.who.int/docs/default-source/coronaviruse/strategy-update-chinesefinal.pdf?sfvrsn=29da3ba0_19

하고, 파산, 휴항, 감원의 상황을 직면하게 되었다. 그리고 사람들은 양식부족과 재 확산 공포 등으로 새로운 공황에 빠져 있다.

1) 국내 취약계층에 미친 영향

직면하는 위험이 리스크를 막는 능력보다 훨씬 크게 되면 행동 주체의 취약성이 드러나게 된다. 코로나-19의 확산 및 대응조치로 인해 생긴 '취약성'은 기존에 있던 '사회취약성'과 서로 겹치고 교차되면서 각 집단에게 '2차 리스크'를 가져다주고 그들이 리스크를 막는 능력도 저하시킨다. 이런 상황은 사회적 취약계층의 범위를 확대시킬 수 있고, 건강취약성과 기존사회취약성을 확대시키며 국내와 국제사회환경을 악화시킬 수 있다.

(1) 사회적 취약계층 범위의 확대

코로나-19가 전 세계적으로 확산됨에 따라 기업, 증권시장, 석유가격 등에 끼친 영향이 모든 사회계층으로 파급되었다. 방역을 위해 실행 된 자가 격리, 휴업, 생산중지, 도시나 국가 폐쇄 등 조치는 전 세계 모든 방면에 영향을 미쳤으며 항공업계, 기업체, 음식점, 백화점, 관광명소 등이 모두 큰 손해를 입었고 부득이하게 파산을 신청한 경우도 있다. 사회경제의 악화는 각 업종의 종사자들에게도 영향을 미쳤으며 투자실패, 감원, 실업 등의 문제를 야기하였다.

코로나-19의 영향을 크게 받은 빈곤인구, 소외계층 이외에 리스크를 방어하는 능력이 비교적으로 강했던 집단, 즉 '쉽게 다치지 않은 자' 혹은 '비취약계층'이었던 사람들도 취약계층으로 전락될 수 있다. "취약성은 보편적으로 존재한 것이다"라는 사실이 이번 코로나-19를 통해 다시 한번 확인된 것이다.

(2) 사회적 취약계층의 취약정도가 높아졌다

전 세계적 방역 전략으로 보면 코로나-19의 확산은 공공위생 및 사회경제 상황에 깊은 영향을 주었으며 취약계층에게는 더 이상 비교 할 수 없는 손해를 가져왔다. 많은 사람들이 이미 기본적인 의료서비스도 받을 수 없게 되었었고 이민자, 난민, 노숙자, 그리고 밀집공간이나 임시거주지에 살고 있는 주민들에게는 원래 부족한 의료서비스조차도 중단이 되어 더욱 높은 위험에 직면하게 되었다.[46] 국제노동기구[ILO], 국제연합 식량농업기구[FAO] 등 국제기관은 모두 도시의 빈곤 계층과 취약계층의 실업. 기아 등 문제에 대해서 경고를 보냈다. 여성, 아동, 장애인, 노인은 그 가운데 네 집단이다.

---

46 WHO, "COVID-19 Strategy Update", April 14, 2020.
https://www.who.int/docs/default-source/coronaviruse/covid-strategy-update-14april2020.pdf?sfvrsn=29da3ba0_19

(3) 남녀불평등 문제는 더욱 심해졌다[47]

코로나-19의 남녀평등에 대한 직접적인 영향으로 여성이 가정폭력을 당한 취약성이 증가되었다. 여성과 여자아이를 대상으로 하는 폭력행위가 25% 이상 급증하였으며 심지어 어떤 나라는 2배로 증가됐다. 폭행 가해자들은 여성들이 도망갈 곳이 없는 현실을 이용하여 그녀들을 집에서 쫓아낸다고 협박하였으나 법원, 경찰, 그리고 위생서비스기관 등 관련 지원서비스가 코로나-19 때문에 제공되기 어려워졌다.[48] 2020년 3월 17일 프랑스가 도시봉쇄 조치를 시작한 뒤 2020년 4월 3일까지 가정폭력 사건은 30%를 증가하였으며 사이프러스와 싱가포르는 각각 30%와 33% 증가했다. 브라질, 캐나다, 독일, 스페인, 영국 등 나라의 가정폭력 사건도 다소 증가한 것으로 보인다.[49] 이탈리아의 어떤 경찰 국장은 "폭력 사건이 실제로 증가됐지만 여성들이 온종일 통제받고 구

---

47 CARE and International Rescue Committee, "Global Rapid Gender Analysis for Covid-19".
    https://www.rescue.org/sites/default/files/document/4676/globalrg acovidrdm33120final
48 United Nations, "Policy Brief : TheImpact of COVID-19 on Women", April 9, 2020.
    https://www.unwomen.org/-/media/headquarters/attachments/sect ions/library/publications/2020/policy-brief-the-impact-of-covid-1 9-on-women-en.pdf?la=en&vs=1406
49 UN WOMEN, "COVID-19 and Ending Violence Against Women and Girls".
    https://www.unwomen.org/-/media/head quarters/attachments/sectio ns/library/publications/2020/issue-brief-covid-19-and-end-ing-viole nce-against-women-and-girls-en.pdf?la=en&vs=5006

조신호를 보낼 수 없기 때문에 정부 데이터로 보면 감소된 것으로 보일 수 있는 점이 가장 우려 된다"라고 말했다. 사람들이 상황이 호전된다고 생각할 때 실은 폭력 상황이 심해지고 있을 수 있는 것이다.[50] 전 세계적으로 보면 경기 악화는 여성에게 훨씬 큰 영향을 끼친다. 직장 내 여성들의 직위는 보편적으로 남성보다 낮으며 그들이 코로나-19의 영향을 가장 많이 받는 업종에 고용되었기 때문이다. 이들은 오락업, 도소매업, 관광업, 농업 등과 같이 법률 및 사회적인 보호가 미흡한 저임금, 비정규직에 종사하고, 출산 및 육아의 부담으로 경제가 불경기일 경우, 공공위생이 긴급한 상황인 경우 훨씬 실직되기 쉽고 이후에도 노동시장으로 다시 돌아오기 힘들다. 따라서 코로나-19는 최근 몇십 년 동안 여성이 경제 공평 및 권리에 취득한 발전을 다시 위험에 빠뜨릴 수 있다.[51] 연구결과에 따르면 여성들이 맡고 있는 무상 간호업무는 남성 숫자

---

50 Alessia Marani, "Coronavirus Roma, ladirigentedipolizia, 'Violenzedomestiche, boomdifattigravi.Ancheivicinidenuncino'", April 19, 2020.
https://www.ilmessaggero.it/roma/news/covid_19_violenze_donne_vittime_via_monachesi-5178807.html?_gl=1*37dtug*_ga*YW1wL W1peDhBWUM0bTl0cFhDeVJBcUc5OTRfOUcxWkRSR3NXOG4wY2hl RG1tem9tNmNQSnNnUUpIZ0o1cjJBdVVrYlc
베이징외국어대학교 국제관계대학에서 공부하는 있는 이탈리아 토리노 대학교 교환 대학원생 류자희(Xavier Palma) 학생의 도움에 깊은 감사의 말을 전하다
51 CARE, "COVID-19 Could Condemn Women To Decades of Poverty : Implications of the COVID-19 Pandemic on Women's and Girls' Economic Justice and Rights", April, 2020.
https://insights.careinterna tional.org.uk/media/k2/attachments/CA RE_-_Implications_of_COVID-19_on_WEE_300420_1.pdf

의 3배이다. 전 세계 코로나-19 상황의 대응정책에서도 성 균형과 관련된 전문가가 부재된 상황에서 중요한 정책을 내리는 경우가 많으며[52] 이렇게 서로 교차된 요소들이 영향을 미쳐 여성이 직면하는 다중 취약성이 드러나게 된다.

(4) 아동은 코로나-19로 인한 가장 취약한 집단 중의 하나이다

코로나-19로 인해 집에서 지내는 아동들의 마음과 몸 건강 및 교육에 특별한 관심을 가져야 한다. 2020년 4월 16일 구테르스 Guteres가 발표한 아동에 대한 정책보고서에는 코로나-19 상황이 아동 건강에 대한 직접적인 영향은 크지 않지만 간접적인 영향을 소홀히 하면 안 된다고 밝혔다. 아동의 삶의 패턴이 완전히 깨지고 교육, 양식, 안전, 건강 등 각 영역에서 위협을 직면하고 있다.[53] 코로나-19 초기에 중국에서 발생한 3가지 사건을 여기서 언급할 필요가 있다. 첫 번째는 아버지와 남동생이 코로나-19로 인해 격리되는 동안 형인 뇌성마비 아동은 마을 위원회가 돌봐 주기로 했

---

52 CARE and International Rescue Committee, "Global Rapid Gender Analysis for COVID-19".
  https://www.rescue.org/sites/default/files/document/4676/globalrgacovidrdm33120final

53 "UN Chief Calls for Greater Protection for Children Caughtupin COVID-19 Crisis".
  https://news.un.org/en/story/2020/04/1061892
  유엔사무총장 보고서,「코로나-19상황이 전세계 15억 아동과 청소년에 끼친 영향」.
  https://news.un.org/zh/story/2020/04/1055202

는데 결국은 혼자 집에서 지냈다가 사망했다.[54] 두 번째는 온라인 수업이 시행된 초기에 허난성 어떤 시골의 14살 여자아이는 스마트폰이 없어서 언니와 남동생과 같은 스마트폰을 공유해야 되었는데 제시간에 숙제를 완성하지 못해 농약을 먹어 자살을 시도하였다. 다행히 그 후 마을에 착한 사람 한명이 그녀에게 인민폐 만 원을 지원해 주었다.[55] 세 번째는 후베이성 징저우의 어떤 학생은 통신 연결 문제로 어쩔 수 없이 집 뒤쪽에 신호가 잡힌 곳에서만 공부했다. 그 지역의 통신사가 이 상황을 알게 된 후 즉시 통신 중계기를 설치해 주었다.[56] 이런 사건들은 모두 개별적인 케이스이고 두 번째와 세 번째 사건은 결국 좋게 해결되었지만 이런 사건을 통해 코로나-19의 확산으로 장애아, 보호자가 감염되거나 격리 중인 아동, 외딴농촌에 살고 있는 아동들에게 여러 가지 문제들을 직면하고 있다는 것을 알 수 있다. 코로나-19의 상황으로 아동교육문제는 전 세계적으로 대두되었다. 유네스코UNESCO의 데이

---

54 금신망(黔讯网), 「가족들이 코로나-19로 인해 격리되고, 후베이성 17살 뇌성마비 환자가 집에서 6일 동안 혼자 지내다가 사망하다」, 2020.1.29.
https://www.sohu.com/a/369482260_610793
55 등주시 정부신문사무실, 「등주시 어떤 여자 아이가 홧김에 농약을 먹어 자살한 상황에 관한 보고서」, 2020.3.2.
http://www.deng-zhou.gov.cn/portal/zfxxgk/zfxxgkml/szfxxgkml/gsgg/webinfo/2020/03/1572755168113765.htm
56 화우(花宇), 「산꼭대기에서 온라인 수업을 했던 여학생이 집에서 온라인 수업을 할 수 있게 되다」, 『현대쾌보』, 2020.3.1, A5판.
http://dz.xdkb.net/html/2020-03/01/content_525301.htm

터를 따르면 2020년 4월 21일까지 전 세계 191개의 나라에서 학교를 폐쇄시켰다. 취학 전 교육부터 대학교육까지의 약 15억 명 이상의 학생들이 코로나-19의 영향을 받고 있으며 대면 수업은 90% 이상 중단됐다. 전 세계에서 50%(8.26억)의 학생들이 집에 컴퓨터가 없고, 43%(7.06억)의 학생들이 집에 인터넷이 안 되며, 5,600만 명은 인터넷이 안 돼서 스마트폰으로 정보 전달이 안 된다. 사하라 이남의 아프리카 지역에 89%(2.16억)의 학생들은 집에 컴퓨터가 없고, 82%(1.99억) 학생들의 집에는 인터넷이 안 된다. 2,600만 명은 스마트폰으로 정보 수신이 안 된다.[57] 데이터를 보면 코로나-19가 전 세계적으로 확산됨에 따라 큰 격차가 일어날 것이다. 즉 낮은 수입 및 처지가 어려운 학생들이 가정환경이 좋은 또래들보다 훨씬 뒤처질 수 있다.[58] 학교를 떠난 아동들에게 가족과 사회의 소홀함과 보살핌이 충분하지 않은 상황도 특별히 경계심을 가져야 한다.

---

57 "COVID-19 : A Global Crisis for Teaching and Learning", data updated to 21 April, 2020.
   https://unesdoc.unesco.org/ark:/48223/pf0000373233
58 Anita Chabria and Melissa Gomez, "This Nursing Home Had California's Deadliest Coronavirus Outbreak.'We Weren't Prepared'".
   https://www.latimes.com/california/story/2020-05-02/how-nurs-ing-homes-became-coronavirus-hot-zones-in-california

(5) 장애인은 코로나-19의 영향을

가장 많이 받는 또 하나의 취약계층이다

장애인들이 교육이나 보건, 경제활동에 참여하는 기회나 활동
은 기존에도 범위의 제한을 받고 있었다. 인도주의 위기 및 취약
한 환경에선 이런 상황이 더욱 심각해질 수밖에 없다. 장애인들은
빈곤층으로 사는 경우가 많아 폭력, 무시, 구박을 당하는 확률도
훨씬 으며 코로나-19는 이런 불평등한 현상을 가중시키고, 새로
운 위협을 가져왔다. 장애인들이 획득할 수 있는 공공위생 정보가
부족하고, 위생 시설을 이용하기 어려우며 코로나-19에 감염되면
더욱 심각한 건강문제가 나타날 수 있다. 또한, 양로원에 살고 있
는 장애 노인의 비율이 높아 사망하는 확률도 훨씬 높다. 때문에
유엔이 각 나라 정부에게 장애인을 코로나-19 대처 및 회복의 중
점에 놓을 것을 촉구하였다.[59]

(6) 노인들은 다중 교차성交叉性 차별을 받고 있다

이탈리아의 72세 목사인 Don Giuseppe Berardelli는 인공호
흡기를 젊은 환자에게 양보하고 자신이 사망을 선택했을 때 사람
들은 그의 희생정신을 칭찬했다. 하지만 의사가 노인과 젊은 사람

---

59 "Pandemic Reveals How Excluded Are Society's Most Marginalized,
   Secretary-General Says, Launching Policy Brief on Persons with Dis-
   abilities and COVID-19", May 6, 2020.
   https://www.un.org/press/en/2020/sgsm20074.doc.htm

중에 후자를 먼저 살리겠다고 선택했을 때 노인에 대한 차별이 명백해 보였다. 어떤 보도에 따르면 의료자원이 극히 부족한 상황에서 한 이탈리아 의사가 '선착순' 원칙을 어쩔 수 없이 버리고 호흡기를 생존가능성이 비교적 높은 젊은 환자에게 먼저 제공하겠다고 주장하였다. 이 발언은 국제사회에서 토론을 일으켰으며 일부 학자들은 이 의사들에 대해 어떠한 가치판단도 해줄 수 없으며 정확한 의견도도 제시해 줄 수 없다고 하였다. 미국정부가 할 수 있는 것은 중환자 시설을 증가하고 절대적인 사회적 거리를 유지한다는 것밖에 할 수 있는 것이 없다고 밝혔다.[60]

2) 국제관계 중의 사회취약성 집단

코로나-19의 발생과 전 세계적으로 유행은 세계 건강 및 치안관리에 유례없는 큰 타격을 주었다. 각 나라의 내부 의료체계, 자원분배, 관리능력 등을 확인 가능토록 하고 전 세계 정치 상의 각 지역 간, 국가 간, 인종, 민족, 각 사회집단 간의 관계에 큰 영향을 주었으며 인종 및 이민자 차별화를 가중시켰다. 코로나-19의 상황은 국제경제, 정치추세의 악화에 영향을 주며 기존 사회적 취약계층을 설상가상의 상황으로 몰아넣어 정치상으로 취약한 나라의

---

60 Yascha Mounk, "The Extraordinary Decisions Facing Italian Doctors", March 11, 2020.
https://www.theatlantic.com/ideas/archive/2020/03/who-gets-hospital-bed/607807/

가장 취약한 계층에게 더욱 큰 리스크를 직면하게 하였다.

(1) 코로나-19 상황에서의 난민과 보트피플Boat People

난민과 보트피플은 전 세계에서 가장 취약한 집단이다. 충돌, 폭력 등 원인으로 어쩔 수 없이 고향을 떠나게 된 많은 난민들이 깨끗한 물과 위생시스템, 보건시설 등 보장이 안 되는 열악한 수용소 에 살고 있다. 심지어 많은 사람들은 생존을 위한 기본 요건도 보장이 안 된다. 손 자주 씻기, 개인 방역, 사회적 거리 두기 등은 더욱 지키기 어렵다. 전 세계 85% 이상의 난민들이 개발도상국 또는 저개발 국가에서 살고 있으며 코로나-19는 이런 집단에게 심각한 경제적인 영향을 주었다. 2020년3월 각 나라가 '도시봉쇄' 및 기타 공공시설 이용금지를 실행한 후부터 4월초까지 난민관리소와 그의 협력기관은 중동 및 북아프리카 난민, 노숙자들한테 35만 통의 전화를 받았다. 그중에 대다수는 일상생활 기본조건을 유지하기 위한 긴급 재정원조를 요구한 것이었다. 난민관리소는 코로나-19 확산이 폭발할 다음 재해지역이 될 것으로 분석된다.[61]

코로나-19가 발생하기 전부터 전쟁 중인 지역의 아동, 난민 아동, 보트피플, 장애아의 생명안전과 교육상황은 안정적이지 않았

---

61 "No Refuge : The World's Refugee Camps Area Coronavirus Disaster in Waiting", April 6, 2020.
https://www.economist.com/international/2020/04/06/the-worlds-refugee-camps-are-a-coronavirus-disas-ter-in-waiting

다. 코로나-19의 발생 및 방역조치는 그들의 생명안전과 교육상황에 더 큰 부정적인 영향을 줄 수 있다. 장기간동안 학교를 떠날 시 이 아이들은 학교로 다시 돌아가지 못할 수도 있다. 코로나-19가 확산되는 동안에도 많은 사람들은 자기 모국에서 여전히 심각한 폭력과 박해를 당하고 있어 어쩔 수 없이 감염 위험을 무릅쓰고서라도 다른 나라로 도주한다. 국경통제로 인해 2020년 4월 중앙아메리카에서 멕시코로의 피난 신청자가 90%가량 감소하였다. 하지만 아직도 수백 명이 난민의 신분을 신청하러 간다.[62] 때문에 유엔이 코로나-19를 대처하는 전 세계 인도주의 행동전략의 3가지 중요한 전략 중의 하나는 바로 "난민, 국내 노숙자, 이민자, 그리고 코로나-19의 영향을 가장 많이 받고 있는 난민 수용소를 보고하고 도와주며, 그들을 위해 발언한다"는 것이었다.[63]

(2) 이민자 집단은 인종차별 및 공격 대상이 된다

아시아계 사람에 대한 인종차별은 서양사회에서 흔한 현상이었

---

62 UNHCR, "Despite Pandemic Restrictions, People Fleeing Violence and Persecution Continue to Seek Asylumin Mexico", April 28, 2020. https://www.unhcr.org/news/briefing/2020/4/5ea7dc144/de-spite-pandemic-restrictions-people-fleeing-violence-persecution-continue.html

63 OCHA, "Global Humanitarian Response Plan COVID-19 : United Nations Coordinated Appeal(April-December 2020)", March 28, 2020. https://www.unocha.org/sites/unocha/files/Global-Humanitarian-Response-Plan-COVID-19

다. 코로나-19로 인해 이런 현상이 더욱 심각해졌다. 미국 연방 수사국의 보고서에 따르면 코로나-19가 중국 우한에서 발생한 후부터 아시아계 미국인에 대한 증오범죄 및 사건이 증가하였다. 미국 대통령 트럼프가 이 바이러스를 '중국바이러스'라고 한 후 각 지역에서 아시아계, 특히 화교에 대한 인종차별적 언행과 행위가 더욱 심각해졌다. 트럼프와 같은 사람들에 의해 '중국 바이러스' 나 '우한바이러스'로 명칭되어 증오감을 강화시켰으며 이는 아시아 지역사회에 대한 모욕, 증오범죄 사건 등이 미국이나 다른 국가에서 악화되는 결과를 초래했다.[64] 독일, 영국, 네덜란드, 호주 등 여러 나라에서 아시아계에 대한 인종차별, 공격하는 사건이 발생하였다. 유엔 보도에 따르면 코로나 바이러스로 인한 폐렴은 '외래' 질병으로 간주되어 아시아계와 유럽계, 기타 지역에서 온 이민자들을 코로나바이러스의 전파자로 여기게 되었다. 많은 사람들이 언행 및 신체 공격을 받았으며 심지어 때로는 수용 국가 사회의 제도상의 배척을 받기도 한다.[65]

---

64 Josephine Harvey, "Asian People Are Being Targeted by Racist Attacks. Here's How You Can Bean Ally", March 19, 2020. https://www.huffpost.com/entry/asian-american-racism-coronavir us_n_5e71ca06c5b63c3b64870f25

65 Department of Global Communications, "COVID-19 : UN Counters Pandemic-related Hateand Xenophobia", May 2020. https://www.un.org/en/coronavirus/COVID-19-un-counters-pan-demic-related-hate-and-xenophobia

전체적 보았을 때, 코로나-19의 전 세계적인 유행으로 유발된 사회취약성 및 취약계층 문제가 매우 복잡하기 때문에 종합적으로 개괄하기 어렵다. 한 가지 확실한 것은 기존 취약성이 코로나-19 및 그의 대응조치가 가져온 영향과 서로 겹치며 교차되고 있다. 뿐만 아니라 코로나-19로 인하여 국제관계, 사회관계가 더욱 복잡해졌다. 이에 각종 갈등이 격화되며, 국제 사회의 불확정, 불안정, 불안전 요소들이 속속들이 드러나고 있다. 사회적 취약계층 범위도 확대되며, 그들의 취약 정도도 심해졌다.

5. 코로나-19 상황 중 취약성집단에 대한 조치

코로나-19와 같이 유례없는 긴급사태에 대해서 구테르스는 행동을 취하는 3가지 중요한 방면을 제시했다. 첫 번째, 위생 긴급 상황을 처리한다. 두 번째, 사회적 영향, 경제대응 및 회복을 중요시 한다. 세 번째, 훨씬 잘 회복시켜야 하는 책임이 있다.[66] 그중에 코로나-19의 상황은 경제, 현재, 미래와의 관계를 포함한다. 본고는 중국이 코로나-19를 대응하는 정책조치를 위주로 하여 3가지

---

[66] António Guterres, "Secretary-General Remarkson COVID-19 : A Call for Solidarity", March 19, 2020.
https://www.un.org/sites/un2.un.org/files/sg_remarks_on_COVID-19_english_19_march_2020

방면으로 국제사회가 취약성 및 취약계층 문제에 대한 정책조치를 개괄한다.

1) 건강취약계층을 치료하고 보호한다

코로나-19의 보편적인 감염위험 특성에 대해 각 나라는 모두 대책을 내세웠다. 다른 집단에 대한 행동지침도 서로 공통점이 있다. 세계보건기구는 전략계획을 세울 때 총 5가지 전략목표를 강조했다. 즉 ① 모든 부서와 지역사회를 동원한다. ② 확진자를 신속히 발견하고 격리시킴으로써 개별 감염과 집단 감염을 통제한다. ③ 감염방지 및 사회적 거리를 유지하여 지역사회 전파를 억제 시킨다. ④ 적당한 간호 관리 및 치료를 통해 사망률을 낮춘다. ⑤ 안전하고 효과적인 백신 및 치료방법을 개발한다.[67]

중국의 「코로나-19 방역방안」 가운데 '조기 발견, 조기 보고, 조기 격리, 조기 치료'는 매우 중요하다. 세계보건기구 사무총장인 테드로스는 중국이 코로나-19 대응정책을 위해 새로운 기준을 제시하고 있다고 발한 바 있다.[68] 중국의 경우, 정부는 코로나-19

---

67 [에티오피아] 테드로스 아드하놈, 「세계보건기구 사무총장 2020년 5월 8일 코로나-19(COVID-19) 기자회견 발언」, 2020.5.8.
https://www.who.int/zh/dg/speeches/detail/who-direc-tor-general-s-opening-remarks-at-the-media-briefing-on-COVID-19---8-may-2020

68 [에티오피아] 테드로스 아드하놈, 「세계보건기구 사무총장 코로나-19에 대

에 대처함에 있어서 항상 "민중의 생명과 언전 및 신체건강을 최우선으로" 하고 있다.[69] 필요에 따라 신속히 조치를 취하고 건강취약계층 및 사회적 취약계층에 대한 정책을 내세운다. 정책을 제시하고 의료진들의 업무환경 및 휴식 조건을 개선하고, 의료진의 개인방역을 강화하도록 하며 병원 내 감염을 최대한 방지하도록 하고 있다. 의료자원과 방역설비를 최선을 다해 완비시키고, 의료진의 심신건강을 보호하며, 의료방역 인원들의 대우를 개선시켜 위생방역 보조금 기준을 높이고, 산재판정 및 대우보장을 확보하고, 직함 평가 우대정책을 실시한다. 그리고 어려운 가정에 대한 배려및 보조의 조치를 확보한다.[70] 이와 같이 중국정보는 코로나-19를통해 드러난 중대질병 방역 시스템, 공공위생 방면에 존재하고 있

　한『국제위생규정』돌발사건위원회 기자회견 발언」, 2020.1.30.
　https://www.who.int/zh/dg/speeches/detail/who-director-general
　-s-statement-on-ihr-emergency-committee-on-novel-coronaviru
　s-(2019-ncov)
69 「시진핑 : 민중의 생명 안전 및 신체건강을 최우선으로 한다. 코로나-19의 확산을 반드시 막아야 한다」, 2020.1.21.
　http://cpc.people.com.cn/n1/2020/0121/c64094-31557684.html
70 국무원 판공청 ,「일선 의료진 업무 조건을 개선하고 의료진의 심신건강을 보호하는 것에 대한 몇 가지 조치」, 2020.2.10.
　http://www.nhc.gov.cn/bgt/gwywj2/202002/e3e9f58b9c8f4729867f
　3003eedba62b.shtml
　코로나-19 감염예방 중앙위원회,「코로나-19 감염예방 중앙위원회가 전면적으로 의료진을 보호하고 관심을 갖는 것에 대한 몇 가지 조치 공지」, 2020.2.22.
　http://www.nhc.gov.cn/bgt/gwywj2/202002/fa1ce1bd147c41bcb2b
　50b6a6304eaf4.shtml

는 단점을 보완하고, 질병 예방관리 체제를 개혁하고 보완하는 것을 강조한다. 평상시와 전시 대비 상태 모두 대비 가능한 질병 방역구조체제를 만들고,[71] 응급자원보장체계를 보완 한다. 중요 핵심기술을 찾아내는 신형 국가 체제를 신속히 구축하고, 애국위생운동을 깊이 전개하며, 우리나라의 위생체계를 끊임없이 보완하고. 갑작스런 중대 공공위생 사건에 대처하는 능력과 수준을 확실하게 높이도록 한다.[72]

남성들이 코로나-19에서 나타난 건강취약성에 근거하여, 영국 남성건강포럼Men's Health Forum은 코로나-19의 해결 방안에 대해 성별 민감성을 가져야 함을 호소하며 코로나-19에 관한 '사전안전교육Tool box Talk' 자료들을 발표했다. 주로 직장인 남성을 대상으로 한 것이지만 모든 남성 집단에 대한 건강 교육 방법으로도 사용할 수 있다.[73] 남성건강취약성 문제에 대해서 더 깊은 연구가 필요하

---

71 필자가 이해하는 "평상시와 전시 상태가 결합되는 중대질병 방역구조체제"는 평상시에 착안하고, 감염병 유행될 때 빠르게 전시상태로 들어갈 수 있는 중대 질병예방관리구조체제이다.

72 「중공중앙이 당외 인사 좌담회를 열린다. 시진핑이 주관하고 중대 발표를 하다」, 『인민일보』, 2020.5.9, 제1판.
http://cpc.people.com.cn/n1/2020/0509/c64094-31701946.html

73 Men's Health Forum, "Call for Global Evidence on Gender and CO-VID-19」, March 18, 2020.
https://www.mcns health forum.org.uk/news/call-global-evidence-gender-and-COVID-19

고 관련 의견도 뒤따라야 한다.

코로나-19 사태의 확대에 따라 각 나라는 관련된 조치를 계속 조정하고 있었다. 예를 들어, 영국은 최초 '지역면역herd immunity'에서 비교적 엄격한 방역조치로 바꿨다. 또한, 자국의 초기 대처 조치에 대한 실수를 인정했다. 2020년 5월 12일, 영국정부는 코로나-19 방역지침을 갱신했다. 국민들에게 대중교통을 이용하거나 2미터 이상 사회거리를 하기 어려운 폐쇄공간에 들어가면 마스크를 착용하라고 권유했다.[74] 중국, 한국과 같이 엄격한 방역조치를 실시한 국가와는 반대로, 스웨덴은 감염병 학자 안데르스 테그넬 Anders Tegnell 등의 주도로 비교적 느슨한 방역 수단을 취했고, '스웨덴 모드'라고 불리었다. 이 방법의 핵심은 노인이나 기저질환이 있는 취약계층을 보호하는 동시에 사회경제 활동 및 학교의 대면 수업을 계속 유지하고, 점차적으로 완만한 '지역면역'을 이루기를 기대했다. 하지만 스웨덴은 감염된 자와 사망자 수의 급증으로 인해 효과적으로 노인이라는 취약계층을 잘 지키지 못했다고 인정했다. 트럼프 대통령이 급히 경제를 다시 활성화 시키려는 상황에서 '스웨덴 모드'는 미국 내에서 토론을 일으켰다. 많은 미국 전문

---

[74] UK, "Coronavirus(COVID-19) : Transport and Travel Guidance", May 12, 2020.
https://www.gov.uk/government/collections/coronavirus-COVID-19-transport-and-travel-guidance

가들과 언론매체들은 이런 방법이 미국에 적합하지 않다고 확실하게 의견을 제시했다.[75]

각 나라의 방역 경험을 살펴보면 예방과 건강을 중심으로, 민중의 생명안전 및 신체건강을 최우선으로 생각하고, 질병예방관리체계를 보완하며, 공공위생 안전관리능력을 높여, 전반적으로 민중의 건강취약성을 낮추는 것이 건강취약성 및 건강취약계층을 치료하고 보호하는 핵심이라는 것을 알 수 있다.

2) 코로나-19 상황에서의 사회취약성 및 취약계층을 배려한다

취약성에 대한 분석은 최종적으로 인류에 대한 배려이다. 사회과학자들이 인간을 취약하게 만드는 정치, 경제, 사회관계, 기타권력 구조를 주목하는 것도 사회개혁과 변화 중의 취약계층을 보호하기 위한 것이라고 지적했다. 물론 단순히 보호하는 것만으로는 부족하며 더 중요한 것은 취약계층 스스로의 능력과 그들의 회복력과 적응력을 높이며, 위험을 방어하는 능력을 가지게 하고, 자신의 운명을 파악할 수 있도록 하는 것이다.

경기둔화 및 많은 실업자가 발생하는 것에 대해서는 각 나라에

75　CST Editorial Board, "The False Promise of 'Herd Immunity' to Beat COVID-19", May 12, 2020.
　　https://chicago.suntimes.com/2020/5/12/21250721/herd-immunity-anthony-fauci-COVID-19-coronavirus-vaccine-senate-committee-hearing-editorial

서 다양한 실업지원, 생활보조 및 경기회복체 등의 조치를 내세웠다. 중국 정부는 코로나-19 방역 기간 중 가난한 민중들의 기본 생활을 확보하는 공지를 발표했고, 가난한 민중과 임시적으로 어려운 상황에 빠져 있는 외래 인원들의 기본 생활을 보장하고, 특별히 가난한 인원들에 대한 기본 배려 및 서비스 요구를 보장하도록 하였다.[76] 코로나-19의 영향으로 아동을 제대로 보살피지 못한 문제에 대해서 구조 보호 방안을 마련하고 부모 혹은 다른 보호자가 확진 또는 의심 되어 격리관찰이 필요하거나 방역 업무나 다른 업무로 인해 온전한 양육의무 또는 보호 직책을 수행하지 못하는 상황이 발생하면 즉시 이를 보고하고 아이들을 잘 보살필 수 있도록 대책을 강화하였다.[77] 이런 정책들 중엔 정부가 코로나-19 영향을 받는 취약계층문제에 대한 신속한 응답과 코로나-19에 대한 예방 조치도 포함되었다. 코로나-19 발생 후 가정폭력 사건이 보편적으로 증가한 현상에 대해서 국제사회, 많은 국가의 정부 기관, 시민사회가 모두 상응한 행동을 취했다. 예를 들어, 유엔사무총장

---

76 코로나-19 중앙 응대지도팀, 「코로나-19 중앙 응대지도팀이 가난한 민중들의 기본 생활을 확보하는 대책에 관련 공지 공지」, 2020.3.6.
http://www.nhc.gov.cn/bgt/gwywj2/202003/6c5e652a3b6a4813be1c97d5bd98da9e.shtml

77 국무원 코로나-19 감염 상황에 대해 공동으로 예방하고 통제하는 메커니즘, 「코로나-19 영향으로 보살핌 제대로 못 받는 아동에 대한 구조 방안」, 2020.3.14.
http://www.nhc.gov.cn/bgt/gwywj2/202003/3c4d5e545a4e4f7283f43104e90d5080.shtml

구테르스는 "전 세계 급증하고 있는 공포스런" 가정폭력을 "휴전"을 하자고 호소했다. 또한 가정폭력을 감소시키는 구체적인 방법도 제시했다.[78]

코로나-19는 경제와 상생 상극의 대립통일체이다. 효과적으로 감염률과 병사율을 낮추는 기본 틀에서 경제를 회복시키는 것은 건강취약계층 및 사회적 취약계층에게 아주 중요하다. 이것은 사람들이 논쟁하는 초점이기도 하고, 현재 각 나라가 직면하고 있는 중요한 시련이기도 하다.

3) 국제 정세하의 사회취약성 및 취약계층을 중요시한다

코로나-19가 전 세계에 대한 영향에 있어서 테드로스는 "가장 선진적인 위생체계를 갖추고 있어도 중대 유행병에 대응하기 어렵다"라고 했다.[79] 그는 이런 바이러스는 심각한 파괴를 일으키고, 어떤 테러 습격보다도 심각하며, 정치적, 사회적인 혼란을 일으킬 수 있다. 하지만 선택권은 우리 손에 있으므로 온 나라가 단결할

---

78 "UN Chief Calls for Domestic Violence 'Ceasefire' Amid 'Horrifying Global Surge'", April 6, 2020.
https://news.un.org/en/story/2020/04/1061052
79 [에티오피아] 테드로스 아드하놈, 「세계보건기구사무총장이 2020년 5월 1일 코로나-19 발생 상황에 대한 기자회견 시 말씀」, 2020.5.1.
https://www.who.int/zh/dg/speeches/detail/who-direc-tor-general-s-opening remarks-at-the-media-briefing-on-COVID-19---1-may-2020

뿐만 아니라, 온 세상이 한결같이 단결하는 것을 선택해야 한다고 하였다.[80] 유엔사무총장인 구테르스는 모두 함께 단결하여 코로나-19를 이겨내기 위해 전 세계가 휴전하고, 적대상태를 해소하며, 공습을 종결하고, "우리의 생명을 위한 진정한 전투"에 주목하라고 호소했다.[81] 그 호소는 전 세계적으로 광범위한 반향을 불러일으켜 카메룬, 중앙아프리카 공화국, 콜롬비아, 리비아, 미얀마, 필리핀, 남수단, 시리아, 우크라이나, 예멘이 잠시 휴전하고 코로나-19에 대응 할 것을 선포하였으며 취약계층을 보호하고 항구적인 평화 체제를 추구하기 위해 기초를 다지기로 했다. '전 세계 휴전' 및 가정폭력 '휴전'이 함께 진행되는 '쌍휴전双停火'이 최근 전 세계 방역의 키워드가 되었다.

국제여성주의학자들은 여성의 코로나-19 방역과 사회회복 참여에 있어서 지도자의 역할이 아주 중요하다고 하였다. 호주의 매내시대학교Monash University Jac q ui True 교수는 전 세계에서 리더십이 가장 뚜렷하게 잘 발휘된 곳은 항상 여성 지도자가 책임지던 때였다고 밝혔다. 성별적으로 균형이 잘 잡히는 리더십은 전통적 여성의 공감 및 배려하는 특성을 나타낼 뿐만 아니라 전통적 남성의 결단력 및 이성적이며 과학을 잘 응용한다는 특성 또한 나타낼

---

80 위의 글.
81 "COVID-19 : UN Chief Calls for Global Ceasefire to Focus on 'the True Fight of Our Lives'", March 23, 2020.
    https://news.un.org/en/story/2020/03/1059972

수 있다.[82] 중국 여성들은 코로나-19를 방역하는 데 아주 중요한 역할을 했다. 장계선, 이난견, 진미 등이 대표적으로 전국여성연맹주석인 심약약郯郯은 "많은 여성들이 단결하여 코로나-19 예방관리, 감염자 치료, 생산회복, 경제사회발전, 가정생활, 지역사회 서비스에서 중요한 역할을 발휘해야 하며 방역관리 일상화 중에 생산 생활 질서를 빠르게 추진하고, 올해 경제사회 발전 목표를 이루기 위해 여성의 힘을 보여주어야 한다"고 지적했다.[83]

코로나-19의 '정치화', '중국에 대한 오명', 그리고 점점 확대된 아시아, 유럽 이민자들에 대한 혐오발언 및 폭력행동에 대해서 유엔은 『코로나-19와 관련된 혐오발언 대응지침』을 발표했다. 이 지침에 따르면 코로나-19가 전 세계적으로 확산됨에 따라 민중들의 혐오발언이 전 세계적으로 전파되고 사용된 것에 대해 우려하고 있다. 이것으로 인해 새로운 취약계층도 생겨났으며 또 다른 혐오의 대상이 되었다. 그렇기 때문에 국제사회는 국가 및 전 세계적인 측면에서 혐오발언에 대해 효과적인 처리와 대응을 해야만 단기간 내 이 유행병에 대한 개선에 도움을 줄 수 있다.[84] 지침

---

82 Jacqui True, "Women's Leadership Could Enhance Global Recovery from COVID-19", April 24, 2020.
https://www.monash.edu/arts/gender-peace-security/news-and-events/articles/womens-leadership-could-enhance-global-recovery-from-COVID-19
83 전산뢰, 「심약야: 방역관리 및 경제사회발선 목표업무를 이루기 위해 여성의 힘을 보여준다」, 『부녀연구논총』, 2020년 2호.

에서는 또한 국제사회가 이 기회를 이용하여 포용, 단결 및 공통의 인성 촉진을 통해 우리 사회의 이런 현상의 근원을 해결하도록 하고, "훨씬 더 좋은 모습으로 복구해야 한다"라고 강조했다.

코로나-19에 대한 대응정책, 백신의 개발 및 사용 등 문제에 대해서는 이미 전 세계적으로 폭넓은 토론을 불러일으켰다. 세계보건기구는 이 중대 유행병을 종결시키기 위해 코로나-19의 백신이 전 세계 건강공익품으로 채택되어야 한다고 반복적으로 강조했다.[85] 미국 여성주의 철학가 주디스 버틀러Judith Butler는 "극단적인 불평등, 민족주의, 자본주의의 착취가 코로나-19 상황에서 아주 재빨리 자신을 복제하고 강화하는 방법을 찾았다"라고 지적했고 동시에 의문도 제기했다. 즉 "만약 트럼프가 성공적으로 독일이 개발하고 있는 백신을 인수하고 이를 자국 국민들에게만 사용한다면 미국 국민들이 자기를 위해 박수를 쳐줄 거라고 생각하는가? 미국 국민들은 과연 이러한 민족주의를 좋아하는가? 만약 부자들만 이런 치료를 받을 수 있다면 우리는 이런 어불성설한 사회 불평등을 위해 박수를 칠 수 있을 것인가? 또한, 그것이 시장의 논리 및 '미국예외주의'와 연계 가능할 것인가? 바이러스 자체는 차별이 없

84 "United Nations Guidance Note on Addressing and Countering CO-VID-19 related Hate Speech", May 11, 2020.
   https://www.un.org/en/genocideprevention/documents/Guidance%20on%20COVID-19%20related%20Hate%20Speech
85 [에티오피아] 테드로스 아드하놈, 앞의 글.

다. 사회경제 불평등이 바이러스로 하여금 차별화를 생기게 했다. 사람만 차별을 할 줄 안다"라고 하였다.[86] 청화대학교 소미(肖美) 교수는 버틀러의 관점을 다음과 같이 정리했다. 즉 "지금은 자본주의가 우리에게 설정해 준 제한성 외에 사고하고 평가를 진행해야 할 때가 되었다. 우리는 새로운 세계를 갈망하는 이유가 있다. 우리가 이런 갈망을 간직하기를 바란다."[87]

6. 결론

코로나-19가 전 세계적으로 크게 유행한 것은 1918년 스페인 독감 이래 인류가 최근 백 년 동안 겪어보지 못한 엄청난 재난이다. 이것을 통해 인류는 '취약성은 보편적으로 존재하는 것이다'라는 사실을 알게 되었다. 하지만 연령, 성별, 신체상황, 직업, 인종, 국가 등 차이로, 또한, 재산, 권력, 지위 등 방면에 보편적으로 존재하는 불평등, 사회적 배제 및 차별로 인해 코로나-19는 각 집

---

86 Judith Butler, "Capitalism Has Its Limits : Judith Butler Discuss the COVID-19 Pandemic, and Its Escalating Political and Social Effects in America", March 30, 2020.
https://www.versobooks.com/blogs?post_author=38137
87 소외, 「새로운 세계를 갈망한다ㅡ코로나-19 상황에 자본주의의 한계성」. 주디스 버틀러는 '코로나-19 백신의 공평한 분배'에 대한 논의에서부터 글을 시작하였다. 『중국부녀신문』, 2020.3.31.

단에게 각각 다른 정도의 위험을 가져다주었다. 각 집단은 위험을 방어하는 능력도 크게 다르다. 본고는 코로나-19 상황 아래 취약성 및 취약계층의 기본적인 윤곽을 그려냈고 각 분야에서 구체적인 취약계층의 특징에 맞춰서 대응조치를 취하는 것과 이를 제때 조정하는 과정을 살펴보았다. 인류가 코로나-19를 이겨내는 역사적 과정은 일선의사들이 병세에 대한 인식이 점차 깊어지고, 과학자들의 바이러스와 백신에 대한 연구가 점차 깊어지는 과정이다. 모든 개인, 사회, 국가가 건강취약계층 및 취약계층이 직면하는 도전에 함께 참여하고 대응하는 과정이다. 또한, 인류가 좌절, 조정, 논쟁, 반성 및 진보를 경험하는 과정이기도 한다.

「2030년 지속가능발전목표」에서 "빈곤, 배고픔, 질병, 결핍을 없애고, 만물 생존에 적합한 세계를 만들자"는 희망을 제시했다. 그중 세 번째 항목의 "건강한 생활방식을 확보하고, 각 연령층과 민중들의 복지를 보완 시킨다"에 포함된 세 번째 구체적인 목표인 "2030년까지 에이즈, 결핵, 말라리아, 기타 중요시하지 않는 열대질병 등의 유행병을 없애고, 간염, 수인성전염병, 기타 전염병을 방어한다"라는 것이다. 코로나-19라는 새로운 건강위협은 인류가 지속 가능한 발전을 이루는 데 새로운 저항을 증가시켰다.[88] 코로나-19 전 세계

---

88   유엔대회, 「우리가 세계를 개혁한다 : 2030년 지속가능한 발전일정」, 2015.10.21.
        https://www.unf-pa.org/sites/default/files/resource-pdf/Resolutio

적 유행에 의한 취약성 및 취약계층 문제는 2030년 지속가능한 발전의 각 목표의 문제와 겹치는 부분이 많다. 빈곤을 없애고 배고픔을 없애며 포용과 공평을 확보하는 우수한 교육, 모든 사람에게 깨끗한 물과 위생적 환경을 제공하며 양성간의 평등 및 제대로 된 직업을 얻기 등은 모두 밀접한 관계를 가지고 있다. 인류가 코로나-19를 이겨내는 과정은 바로 지속가능한 발전목표를 이루는 과정이다.

세계보건기구 사무총장 테드로스는 "코로나-19를 통해 우리는 질병을 방어하는 능력을 키울 뿐만 아니라 전 세계 건강 상황을 개선시키는 기회가 되기를 바라고, 더욱 건강하고, 안전하며 공평한 세계를 만들어 전 인류에게 행복을 선사함과 동시에 전 인류의 건강 수준을 높임으로써 세계보건기구가 성립한 이래의 꿈인 "모든 사람의 건강Health for ALL을 이루기를 바란다"라고 하였다.[89] 필자는 코로나-19의 전 세계적 유행이 '취약성' 및 '취약계층'을 초월하여, '민중들의 생명안전 및 신체 건강을 최우선으로' 하는 모든 사람들을 위한 전 세계 지속가능한 발전 목표의 새로운 계기가 될 것이라고 생각한다.

---

n_A_RES_70_1_CH
89 [에티오피아] 테드로스 아드하놈, 앞의 글.